장미빛인생이 되는비결

김열방 김사라 박양희 추현선 지음

장미빛 부요한 인생이 되고 싶으면 꿈과 소원 목록을 적으라

나는 120가지 꿈과 소원 목록을
과거형, 현재완료형으로 공책에 적었다.
"벤츠 샀음, 60평 아파트 샀음, 땅과 빌딩 샀음."
"작가와 강연가 되었음, 출판사 사장 되었음."
"세계를 다니며 강연했음, 멋진 배우자 만났음."
모든 병과 비만이 사라졌음." 놀랍게도 그렇게
적은 대로 다 이루어졌다. 당신도 적으라.
그러면 비참한 인생을 졸업하고 비옥한 인생
곧 풍요로운 장미빛 인생을 살게 된다.

날개미디어

장미빛 부요한 인생이 되려면 꿈과 소원 목록을 적으라

장미빛 풍요한 인생을 살려면 어떻게 해야 할까요?

만약 당신이 여자라면 책부터 써내야 합니다. 한번뿐인 소중한 인생인데 '나는 안 돼'라며 포기하고 남편과 자녀 뒷바라지에만 올인 하고 이름 없는 동네 아줌마로 살면 안 됩니다. 자기 인생을 찾아야 합니다. 나는 내 인생을 찾았습니다. 내가 원하는 것이 무엇인지 알고 꿈과 소원 목록을 적었는데 그대로 다 되었습니다.

나는 내가 하고 싶은 거 다 하며 행복하게 살고 싶습니다. 당신도 그렇게 살 자격이 있습니다. 인생은 꿈과 소원대로 다 됩니다.

이 책에 나오는 작가들은 꿈과 소원 목록을 적었고 이루어졌습니다. 전교 꼴찌하던 사람이 천재적인 지혜를 받은 이야기, 멋진 남자와 결혼하고 60평 아파트를 산 이야기, 빚을 다 갚고 억대 수입을 올리는 이야기, 십대에 책을 써내고 강연하는 이야기, 똥차를 몰다가 벤츠를 사서 날마다 신나게 드라이브하는 이야기 등.

나는 하루 종일 내가 하고 싶은 일만 하며 내가 만나고 싶은 사람만 만나며 내가 가고 싶은 곳만 가고 내가 먹고 싶은 것만 먹습니다. 남에게 질질 끌려 다니는 삶을 살지 않습니다. 나는 정말 하루 종일 자유롭고 행복하고 건강하고 부요하고 지혜롭습니다.

아침에 눈을 뜨면서부터 잠잘 때까지 가슴 뛰는 하루를 삽니다. 8시간 푹 자고 일어나서 가장 멋진 옷을 차려 입고 카페에 가서 책을 읽고 생각하며 깨닫는 시간을 갖습니다. 그리고 깨달은 내용으로 한 시간 정도 책을 쓴 다음 그날 꼭 해야 할 일 몇 가지를 직원에게 지시한 후에 벤츠 빨간색 오픈카를 타고 감미로운 음악을 들으며 30분 정도 신나게 드라이브합니다. 집으로 돌아와 아내와 함께 소박한 점심을 먹고 산책합니다. 저녁에는 아이들과 함께 분위기 좋은 60평 아파트 식탁에서 이탈리안 레스토랑과는 비교할 수 없을 정도의 풍성한 샐러드 요리를 만들어 식사합니다. 이보다 더 행복할 순 없습니다. 그래서 나는 "집은 백만 원짜리 호텔이다. 집밥은 백만 원짜리다. 행복은 집 밖에 있지 않고 집 안에 있다"고 말합니다. 가정이 행복한 것이 최고입니다.

당신도 그렇게 살 자격이 있습니다. 현재의 상황이 아무리 비참하더라도 꿈과 소원 목록을 적으십시오. 그러면 당신의 인생에 변화와 기적이 찾아올 것이며 장미빛 부요한 인생이 될 것입니다.

지하 단칸방에 산다고요? 나도 보증금 300만 원에 월세 30만

원 내는 지하에서 네 명의 자녀를 키우며 살았습니다. 한 달에 100만 원도 못 번다고요? 나도 한 달에 30만 원, 50만 원 밖에 못 번 적이 많았습니다. 머리가 나빠 공부를 못한다고요? 나도 전교 520명 중에 518등 한 적이 있었습니다. 병으로 고통당하고 있다고요? 나도 피부병과 위장병, 무좀과 두통 등으로 고통당한 적이 있었습니다. 똥차를 몰고 다닌다고요? 나도 덜덜거리는 중고차 티코를 몰고 다녔습니다. 말을 더듬고 소심하다고요? 나도 말더듬이에 내성적이고 소심한 사람이었습니다. 다 바뀌었습니다.

나는 빈손이었지만 전능하신 하나님께 내가 원하는 것을 거침없이 다 구했고 다 받았습니다. 내가 가진 모든 것은 다 하나님께 기도 응답으로 받은 것입니다. "너희가 얻지 못한 것은 구하지 않았기 때문이다. 너희가 지금까지는 아무것도 구하지 않았지만 구하라. 그러면 받을 것이고 너희 기쁨이 충만해질 것이다. 너희가 내 이름으로 무엇을 구하든지 내가 시행하리라"고 했습니다.

한 가지 기도 제목을 놓고 밤낮 빌며 수십 년간 기도해야 하는 것이 아닙니다. 한 번 기도하고 구한 것은 받았다고 믿어야 합니다. 나는 한 번만 구합니다. 입을 열어 중얼거리며 한 번 구하면서 그 내용을 '과거형, 현재 완료형'으로 공책에 적어 놓습니다. 그것이 꿈과 소원 목록입니다. 놀랍게도 내가 입을 열어 구하고 공책에 적은 대로 다 이루어졌습니다. 당신도 실천하십시오.

만약 대기업 회장이 당신에게 "1000억 정도 도와줄 테니 원하는 거 있으면 다 말해 보라"고 한다면 무엇을 말하겠습니까?

"멋진 차, 메르세데스 벤츠를 사고 싶다."
"가족이 함께 살 넓고 쾌적한 60평 아파트를 사고 싶다."
"월세 받는 아파트와 빌딩을 열 채씩 갖고 싶다."
"100만 평의 넓은 땅을 사두고 싶다."
"부모님께 생활비를 매달 100만 원씩 드리고 싶다."
"사랑스런 자녀에게 용돈을 마음껏 주고 싶다."
"내 이름과 얼굴이 박힌 책을 몇 권 써내고 싶다."
"전국과 세계를 다니며 수만 명 군중 앞에서 강연하고 싶다."
"내 몸에 있는 병이 다 사라졌으면 좋겠다."
"비만이 사라지고 날씬한 몸매를 가지면 좋겠다."
"수만 명의 직원을 고용하는 대기업 회장이 되면 좋겠다."
"옷장에 예쁜 드레스와 고급 외투가 가득하면 좋겠다."
"믿음이 좋고 잘 생긴 남자와 결혼해서 아들 딸 낳고 싶다."
"하나님과 동행하며 자손 천대까지 복을 받고 싶다."
"내 평생 수억의 영혼에게 복음을 전하고 싶다."

나와 아내는 실제로 그렇게 꿈과 소원을 당당하게 말했습니다. 누구에게요? 대기업 회장님에게 입니다. 사람들은 말합니다.
"그럼 그렇지, 김열방 목사님은 대기업 회장과 친분이 있으니까 그렇게 꿈과 소원이 다 이루어진 거지 나 같은 사람은 꿈도 못 꿀 일이야. 황당한 생각이야. 다들 나를 보고 미쳤다고 할 거야."
내가 아는 대기업 회장님은 바로 전지전능하신 하나님입니다.
하나님은 우주의 재벌 그룹 총수이시고 나의 아버지입니다. 당신도 이 책을 읽고 예수 그리스도를 구주로 영접하십시오. 그러면 모든 죄를 사함 받고 성령으로 거듭나 하나님의 자녀가 될 것입니다. 그리고 하나님 아버지께 무엇이든지 구할 수 있는 자녀의 권세를 얻게 됩니다. "구하라, 그러면 주실 것이요"라고 했습니다. 그분은 생선을 구하는 자에게 전갈을 주지 않고 알을 구하는 자에게 돌을 주지 않습니다. 그분은 좋은 것만 주십니다. 온갖 구하는 것이나 생각하는 것에 더 넘치게 주십니다.

아무것도 제한하지 말고 마음껏 꿈과 소원 목록을 적으십시오.

진짜로 다 이루어집니다.

천재멘토 **김열방**

1부. 장미빛 인생이 되는 비결 – 김열방

2부. 장미빛 인생이 되는 비결 - 김사라

3부. 장미빛 인생이 되는 비결 - 박양희

4부. 장미빛 인생이 되는 비결 - 추현선

지옥 같은 내 인생이 천국 같이 바뀌었다

당신은 지금 죽어도 천국 간다는 확신이 있습니까?

나는 지금 죽어도 천국에 넉넉히 들어간다고 확신합니다.

왜일까요? 내가 하나님의 아들 예수 그리스도를 구주로 믿고 성령으로 거듭나 하나님의 자녀가 되었기 때문입니다. 예수를 믿는 순간 나의 과거와 현재와 미래의 모든 죄를 사함 받았습니다.

나는 영원한 생명, 새 생명, 큰 생명을 얻었습니다. "진실로 진실로 너희에게 이르노니 믿는 자는 영생을 가졌나니."(요 6:47)

늙어서 죽으면 천국에 들어갑니다. 그렇다고 천국에 갈 때까지 막연히 죽을 날만 기다려야 할까요? 이 땅에서는 밑바닥 인생으로 죄짓고 목마르고 병들고 가난하고 어리석고 징계 받고 죽음의 두려움 가운데 비참하게 살아야 할까요? 결코 그렇지 않습니다.

성경은 천국이 죽어서부터 시작되는 것이 아닌 이 땅에서부터, 곧 당신 안에서부터 시작된다고 말씀합니다. 예수님은 "하나님의 나라가 여기 있다 저기 있다 하지 마라. 하나님의 나라는 너희 안에 있다"(눅 17:21)고 하셨습니다. 그렇습니다. 하나님의 나라가 성령으로 말미암아 당신 안에 가득히 들어와 있습니다.

이 사실을 완전히 믿으십시오. 당신 안에 한강처럼 성령의 기름 부음이 철철 흐르고 있습니다. 생수의 강이 흐르고 있습니다.

내가 이 사실을 발견했을 때 말할 수 없이 행복해졌습니다.

황홀하고 풍요한 장미빛 인생이 내게 펼쳐졌습니다. 더 이상 나는 목마르지 않고 굶주리지 않게 되었습니다. 하루 종일 생수가 넘칩니다. 예수님은 누구든지 자신을 믿으면 더 이상 주리지 않고 목마르지 않는 장미빛 인생을 살게 된다고 말씀하셨습니다.

"나는 생명의 떡이니 내게 오는 자는 결코 주리지 아니할 터이요 나를 믿는 자는 영원히 목마르지 아니하리라."(요 6:35)

당신은 목이 말라 매일 헐떡거리지 않습니까?

"내가 목이 마르오니, 갈급하오니, 빈들에 마른 풀 같이 시들은 나의 영혼, 주의 자비가 내려와 내려와"라고 노래하지 않습니까?

예수를 믿는 사람은 더 이상 목마르지 않는 것이 정상입니다.

"내가 주는 물을 마시는 자는 영원히 목마르지 아니하리니 내가

주는 물은 그 속에서 영생하도록 솟아나는 샘물이 되리라."(요 4:14)

하루에 몇 시간씩 두 손을 들고 찬양하고 기도한다고, 많은 금식과 훈련 프로그램을 한다고 목마름이 사라지는 것이 아닙니다. 목마름이 사라지는 비결은 오직 한 가지 '예수 믿음'입니다.

"명절 끝날 곧 큰 날에 예수께서 서서 외쳐 이르시되 누구든지 목마르거든 내게로 와서 마시라. 나를 믿는 자는 성경에 이름과 같이 그 배에서 생수의 강이 흘러나오리라 하시니 이는 그를 믿는 자들이 받을 성령을 가리켜 말씀하신 것이라."(요 7:37~39)

나를 따라 이렇게 말하십시오.

"예수 그리스도가 내 안에 실제로 살아 계신다는 사실을 믿으면 365일 24시간 생수의 강이 한강처럼 철철 흘러넘치게 된다."

이것이 전부입니다. 더 이상 없습니다.

나는 매일 천국의 의와 기름 부음과 건강과 부요와 지혜와 평화와 생명을 누리며 행복하게 살고 있습니다. 이미 천국에 와 있는 것처럼 행복합니다. 천국은 의와 평강과 희락만 있는 것이 아닙니다. 실제적인 물질의 부요함과 육체의 건강도 있습니다.

억만장자가 되는 가장 쉬운 방법은 '억만장자 가문'에서 태어나는 것입니다. 예수를 구주로 믿으면 당신의 영혼이 성령으로 거듭나 하나님의 자녀가 되기 때문에 장미빛 유복한 가문에서 태어나는 것과 같고 평생, 아니 영원토록 유복한 삶을 살게 됩니다.

나는 그런 복을 받았습니다. 이것이 내게서 난 것이 아니요 하나님의 선물입니다. 행위에서 난 것이 아니요 믿음에서 난 것입니다. 내가 예수를 믿고 어떤 복을 받았을까요? 일곱 가지입니다.

나는 모든 죄를 사함 받고 의인이 되었습니다.
나는 목마름이 사라지고 성령님이 한강처럼 넘칩니다.
나는 모든 병과 연약함을 치료받고 건강한 몸이 되었습니다.
나는 지긋지긋한 가난에서 벗어나 물질 축복을 받았습니다.
나는 어리석음이 사라지고 천재적인 지혜를 받았습니다.
나는 징계에 대한 두려움이 사라지고 평화를 얻었습니다.
나는 죽음이 사라지고 영원한 생명을 얻었습니다.

그래서 이 땅에서의 삶이 비참하지 않고 행복합니다. 하나님은 당신이 노예와 하녀처럼 비참하게 살기를 원치 않고 그분의 자녀답게 유복한 삶을 살기 원하십니다. 나는 사람들에게 말합니다.

"천국같이 살다가 천국으로 갑시다."

당신도 나처럼 천국같이 행복한 삶을 살 수 있을까요?
네, 그렇습니다. 이 책에 그 구체적인 비결이 있습니다.
이 책을 통해 장미빛 유복한 인생을 살기 바랍니다.

천국은 천 년이 하루처럼 황홀하고 신난다

천국은 지루하고 재미없는 곳일까요?

아닙니다. 천 년이 하루같이 지나가는 황홀한 곳입니다.

천국은 지옥과는 비교할 수 없을 정도로 신나고 재미있는 곳입니다. 성경은 '하나님의 나라' 곧 천국에 대해 말하고 있습니다.

그런데 수많은 사람들이 천국에 대해 오해하고 있습니다. 자신이 천국에 들어가면 하루 종일 찬송만 하고 기도만 하고 성경책만 읽으니 너무나 지루하고 따분할 거라고 생각하는 것입니다.

나도 한때 그렇게 생각한 적이 있습니다.

'차라리 천국보다 지옥이 더 재미있지 않을까? 지옥에는 올라갔다 떨어졌다 하고 계속 반복되는 병으로 고통당하고 끓는 가마

에 들어가고 하니 오히려 더 신나고 스릴이 넘치지 않을까?'

많은 불신자들이 "나는 천국이 어울리지 않아. 오히려 지옥이 더 잘 어울릴 것 같아"라고 말합니다. 하지만 천국은 우리가 생각하는 것처럼 지루하고 따분한 곳이 아닙니다. 영원히 고통을 겪는 지옥과는 비교할 수 없을 정도로 수억 배나 더 재밌고 행복이 넘치는 곳입니다. 영원한 기쁨과 즐거움이 가득한 곳입니다.

무엇보다 가장 큰 기쁨과 설렘은, 천국이 하나님과 사랑의 교제를 마음껏 나누는 장소라는 것입니다. 미워하면 하루가 천 년 같이 지루하고 사랑하면 천 년이 하루 같이 재미있고 즐겁습니다. 천국에서 영원히 살 텐데 하나님을 뜨겁게 사랑하지 않는다면 어떻게 될까요? 아마 하루가 천 년 같이 길고 고통스러울 것입니다.

사랑하면 열정이 넘치게 됩니다. 이것을 나는 '신적인 열정'이라고 일컫습니다. 천국에서는 하나님을 사랑하는 신적인 열정이 넘치기 때문에 동에 번쩍 서에 번쩍하며 움직이게 됩니다. 와, 세상과 우주에서 가장 흥분되고 신나는 곳이 바로 천국입니다.

"사랑하는 자들아, 주께는 하루가 천 년 같고 천 년이 하루 같다는 이 한 가지를 잊지 말라."(벧후 3:8)

지옥의 속성이 아닌 천국의 속성을 따라 살라

당신은 지옥의 속성과 천국의 속성 중 무엇이 좋습니까?

나는 지옥의 속성이 싫습니다. 지옥의 속성은 죄와 목마름, 병과 가난, 어리석음과 징계와 죽음입니다. 그런 비참한 삶이 싫습니다. 그 대신 천국의 속성이 좋습니다. 천국의 속성은 의와 성령충만, 건강과 부요함, 지혜와 평화와 생명입니다. 이러한 두 가지속성은 명백하게 갈라집니다. 그런데 왜 수많은 교회들이 '죄목병가어징죽' 지옥의 속성을 받아들이고 가르칠까요?

"우리는 죄를 지을 수밖에 없다."

"우리가 목마른 것이 정상이다."

"우리가 병든 것은 하나님의 뜻이다."

"우리가 가난해야 겸손해진다."
"우리는 어리석고 미련한 존재다."
"우리는 징계를 받아야 하나님을 의지한다."
"우리는 죽음을 피할 수 없다."

성경은 전혀 다르게 말하고 있습니다.
"예수님이 십자가에서 피와 땀과 눈물을 쏟으며 값을 다 지불하고 다 이루었다. 믿기만 하라. 그러면 너희에게 의와 성령 충만, 건강과 부요함, 지혜와 평화와 생명이 가득해진다"고 말씀하며 '의성건부지평생' 천국의 속성을 선포하고 있습니다.

첫째, 하나님께로서 난 자마다 죄를 짓지 않는다고 했습니다.
만일 죄를 범하면 의로우신 대제사장 예수가 계시므로 회개하고 그 피를 의지해서 하나님 보좌에 담대히 나아갈 수 있습니다.

둘째, 예수를 믿는 사람은 결코 목마르지 않는다고 했습니다.
성경에 이름과 같이 그 배에서 생수의 강이 흘러 납니다. 당신 안에 한강보다 수억 배나 더 큰 생수의 강이 흐르고 있습니다.

셋째, 예수님이 채찍에 맞음으로 우리의 병을 담당했다고 했습니다. 이스라엘 백성들은 애굽에서 나올 때 연약한 자나 병든 자가 한 명도 없었습니다. 어린 양의 피는 그들의 죄를 사하는 것이었고 어린 양의 고기는 그들의 병을 고치는 것이었습니다. 하나님의 자녀가 병들지 않고 건강한 것이 하나님의 절대적인 뜻이므로 예수님이 이 땅에 계실 동안 믿음으로 나아오는 모든 사람의 병을 고친 것입니다. 당신도 이 땅에서 건강하게 살아야 합니다.

넷째, 예수님이 우리 대신 가난케 되시므로 우리가 부요하게 사는 것이 정상이라고 말씀합니다. 예수님은 천국에서도 부요하신 자였고 이 땅에 사실 동안에도 부요하게 사셨습니다. 단지 십자가에 매달릴 때만 벌거벗긴 채로 우리의 모든 가난을 담당하고 죽으셨습니다. 사도 바울은 "부요하신 예수님이 가난하게 되신 것은 우리로 부요하게 하려 하심이라"고 했습니다.

다섯째, 예수님이 우리 대신 머리에 가시관을 쓰시고 어리석게 죽으셨으므로 우리가 지혜로운 자가 되었다고 말씀합니다. 솔로몬보다 수억 배나 더 크신 예수님이 우리 안에 계시므로 우리는 지혜가 가득한 사람이 되었습니다. 우리 안에 지혜와 총명의 영이신 성령님이 가득히 계십니다. 그러므로 우리는 천재입니다.

여섯째, 하나님의 자녀는 심판의 징계를 받지 않습니다.
구약에서 말하는 징계는 심판이었지만 신약에서 말하는 그의 사랑하는 아들에 대한 징계는 '권면, 가르침, 훈계, 설명' 등입니다. 신약 시대 이후로는 하나님의 말씀을 깨닫게 하시므로 징계하십니다. 절대 교통사고나 불치의 병으로 징계하지 않으십니다. 하나님은 지금 그분의 말씀을 통해 깨닫도록 징계하십니다. "그가 징계를 받음으로 우리가 평화를 누리고"라고 했습니다. 예수님이 매를 맞는 징계를 다 받으셨습니다.

일곱째, 우리는 죽음을 두려워하지 않고 영생을 믿습니다.

모든 사람이 죽지만 예수 믿는 사람은 다릅니다. 예수님은 "나는 부활이요 생명이다. 나를 믿는 자는 죽어도 살겠고 무릇 살아서 나를 믿는 자는 영원히 죽지 않는다"고 하셨습니다. "아들을 믿는 자는 이미 생명을 가졌다"고 하셨습니다. 영원한 생명은 지금 당신 안에 가득합니다.

이것이 천국의 속성입니다. 어떻습니까? 설레지 않습니까?

그리스도 안에서 의와 성령 충만과 건강과 부요함과 지혜와 평화와 생명을 누리는 삶, 이것보다 더 행복한 삶은 없습니다.

나는 만나는 모든 사람에게 이렇게 말합니다.

"천국같이 살다가 천국으로 갑시다."

천국이 내 안에 있으니 내 인생도 매일 흥분되고 신납니다.

"또 여기 있다 저기 있다고도 못하리니 하나님의 나라는 너희 안에 있느니라."(눅 17:21)

"천국이 당신 안에 있다"는 이러한 '천국 복음'도 전하고 듣는 것은 아무리 반복해도 가슴 설레고 흥분됩니다. 그래서 나는 주일마다 천국 복음을 반복해서 전합니다. 한 번, 두 번, 열 번, 천 번을 이야기해도 늘 새롭습니다. 전혀 지루하지 않습니다. 전할 때마다 신선하고 생동감이 넘칩니다. 가슴이 펄떡펄떡 뜁니다.

그러나 율법의 저주에 대해 이야기하면 "지루해. 또 같은 이야기잖아. 어휴, 온통 꾸중과 잔소리, 저주받는다는 말밖에 없구먼. 죽도록 더 많이 해야 된다는 조항이 왜 이리 많아?" 하게 됩니다.

당신이 죽어서 가는 천국의 모습은 어떻습니까? 죄와 목마름과 병과 가난과 어리석음이 없습니다. 천국에는 의가 있습니다. 생수의 강이 흘러넘칩니다. 건강이 있습니다. 부요함이 있습니다. 지혜가 넘쳐 나고 있습니다. 천국은 영원히 즐거운 곳입니다.

이러한 천국에 대해 자세히 알게 되면 큰 기대감을 갖게 됩니다. 또한 이 땅에서도 그러한 천국의 행복을 매일 누리게 됩니다.

나는 지옥의 속성이 아닌 천국의 속성을 따라 살기로 결심했습니다. 당신도 그렇게 살기로 결심하십시오.

당신의 배에서 생수의 강이 한강처럼 흐르고 있다

당신은 예수를 믿으면서도 목이 말라 헐떡이지 않습니까?
천국은 목마름이 전혀 없고 생수가 철철 흘러넘치는 곳입니다.
요한계시록 22장에 황홀한 천국에 대해 묘사하고 있습니다.

"또 저가 수정 같이 맑은 생명수의 강을 내게 보이니 하나님과 및
어린 양의 보좌로부터 나서 길 가운데로 흐르더라. 강 좌우에 생명나
무가 있어 열두 가지 실과를 맺히되 달마다 그 실과를 맺히고 그 나
무 잎사귀들은 만국을 소성하기 위하여 있더라. 다시 저주가 없으며
하나님과 그 어린 양의 보좌가 그 가운데 있으리니 그의 종들이 그를
섬기며 그의 얼굴을 볼 터이요 그의 이름도 저희 이마에 있으리라.
다시 밤이 없겠고 등불과 햇빛이 쓸데없으니 이는 주 하나님이 저희

에게 비취심이라. 저희가 세세토록 왕 노릇하리로다.”(계 22:1~5)

또한 요한계시록 21장에도 나와 있습니다.

“또 내가 새 하늘과 새 땅을 보니 처음 하늘과 처음 땅이 없어졌고 바다도 다시 있지 않더라. 또 내가 보매 거룩한 성 새 예루살렘이 하나님께로부터 하늘에서 내려오니 그 예비한 것이 신부가 남편을 위하여 단장한 것 같더라. 내가 들으니 보좌에서 큰 음성이 나서 가로되 보라 하나님의 장막이 사람들과 함께 있으매 하나님이 저희와 함께 거하시리니 저희는 하나님의 백성이 되고 하나님은 친히 저희와 함께 계셔서 모든 눈물을 그 눈에서 씻기시매 다시 사망이 없고 애통하는 것이나 곡하는 것이나 아픈 것이 다시 있지 아니하리니 처음 것들이 다 지나갔음이러라. 보좌에 앉으신 이가 가라사대 보라 내가 만물을 새롭게 하노라 하시고 또 가라사대 이 말은 신실하고 참되니 기록하라 하시고 또 내게 말씀하시되 이루었도다 나는 알파와 오메가요 처음과 나중이라. 내가 생명수 샘물로 목마른 자에게 값없이 주리니 이기는 자는 이것들을 유업으로 얻으리라. 나는 저의 하나님이 되고 그는 내 아들이 되리라.”(계 21:1~7)

당신이 가게 될 천국에는 불행이 없고 오직 행복만 넘칩니다.
천국에는 생수의 강이 흐르고 있고 그 가운데 보좌가 있고 거기에 주님이 앉아 계십니다. 이러한 천국이 당신 안에 지점으로 들어와 있습니다. 예수님은 “하나님의 나라가 너희 안에 있다”고 하셨습니다. 그러므로 당신 안에 하나님의 보좌가 있고 그 보좌에 예수 그리스도의 영이신 성령님이 왕으로 앉아 계시고 당신 안에서 생수의 강이 흘러 나고 있다는 사실을 믿어야 합니다.

당신 안에 한강처럼 넘치는 기름 부음으로 들어와 계신 성령님은 지성과 감성과 의지를 가진 인격자이십니다. 그러므로 성령님을 인격적으로 존중하며 친밀한 교제를 나누어야 합니다.

아침에 일어나면 "성령님, 안녕하세요?"라고 인사하십시오.

하루 종일 생활하면서 마음을 다해 성령님과 교제하십시오.

자아가 일어나 혼자 떠들며 모든 것을 판단하고 정죄하고 비판하고 심판하게 내버려두지 말고 순간마다 마음으로 '성령님' 하고 말을 걸고 그분과 대화를 나누십시오. 성령님을 주인님으로 모시고 모든 것을 물으십시오. '성령님, 어떻게 할까요?'라고 물으면 성령님께서 세미한 음성으로 당신의 마음에 말씀하실 것입니다.

지금 전국과 세계의 수십만의 사람들이 내가 쓴 〈성령님과 실제적인 교제법〉이란 책을 읽고 성령님과 인격적인 교제를 나누며 장미빛 인생으로 변화되고 있습니다. 당신도 이 책을 꼭 구입해서 읽어보기 바랍니다. 오늘도 한 사람에게 연락이 왔습니다.

"김열방 목사님, 제가 방금 목사님께서 쓰신 성령님과 실제적인 교제법이란 책을 다 읽고 이렇게 문자 드립니다. 하나님께 감사드립니다. 제가 어떡하다 이 책을 구입했을까? 너무 신기합니다. 다만 성령 하나님에 대해 더 알고 싶고 교제하고 싶었던 차에 많은 책들 중에서 한 권 구입했는데 이렇게 놀라운 책이네요. 누가 말해 준 것도 아니고 오직 성령님께서 친히 저에게 목사님의 책을 사게 하셨어요. 하나님께 감사와 영광 드립니다."

천국에는 각종 실과가 있습니다. 우리의 삶에도 성령의 아홉 가지 열매가 시절을 좇아 과실을 맺고 있습니다. 그리고 천국에는 천군 천사가 춤을 추며 찬양을 합니다. 마찬가지로 우리 안에 보좌가 있고 하나님이 왕으로 앉아 계시고 우리 주변에서 천천만만의 천사와 천군이 돕고 있습니다. 천사는 섬기는 영입니다.

"모든 천사들은 섬기는 영으로서 구원 받을 상속자들을 위하여 섬기라고 보내심이 아니냐."(히 1:14)

천국은 슬픔이 없고 기쁨이 넘치는 곳이다

천국에 가서도 저주를 받을까요? 그렇지 않습니다.

천국에는 더 이상 저주가 없습니다. 그리고 눈물이나 고통이나 애통하는 것이나 탄식하는 것이 없습니다. 우리가 영화나 드라마, 만화책, 잡지책을 볼 때 엽기적인 것이나 음란한 것들이 지옥에서 나왔다는 것을 알고 그런 것들은 보지 않는 것이 좋습니다. 그 뿐 아니라 슬픈 것이나 탄식하는 것이나 곡하는 것이나 애통하는 것들도 다 지옥에서 나온 것이므로 보지 않는 것이 좋습니다.

예수님은 이 땅에 계신 동안에 우신 적이 거의 없습니다. 그분은 몇 번 우셨는데 나사로가 죽었을 때 그 무덤 앞에서 우신 것과 겟세마네 동산에서 심한 통곡과 눈물로 간구와 소원을 아뢴 것,

예루살렘 성을 보시며 우신 것 등이 있을 뿐입니다.

인류가 죄 때문에 사망의 권세 아래 눌려 죽을 수밖에 없는 처지를 보시고 예수님은 눈물을 흘리셨습니다. 그리고 예수님께서 "나사로야, 나오라"고 외치셨을 때 그가 살아 나왔습니다.

예수님께서 왜 눈물을 흘리셨습니까?

"나사로야, 네가 죄 때문에 죽을 수밖에 없었지만 이제는 걱정하지 마라. 네 대신 내가 진짜로 죽으러 왔다."

인류의 죽음을 예수님이 대신 짊어지시고 우리 대신 십자가에 매달려 죽으셨습니다. 하나님께서는 우리가 죽는 것을 원치 않으셨습니다. 그러므로 우리 대신 예수 그리스도를 보내셔서 죽게 하신 것입니다.

우리의 모든 사망을 예수님께서 모두 짊어지고 가셨으므로 예수님을 믿는 자는 죽어도 살겠고 무릇 살아서 예수님을 믿는 사람은 영원히 죽지 않게 됩니다. 예수님께서 말씀하셨습니다.

"나는 부활이요 생명이니 나를 믿는 자는 죽어도 살겠고 무릇 살아서 나를 믿는 자는 영원히 죽지 아니하리니 이것을 네가 믿느냐?" (요 11:25)

"저희는 다시 죽을 수도 없나니 이는 천사와 동등이요 부활의 자녀로서 하나님의 자녀임이라."(눅 20:36)

예수님께서 우리의 죽음을 짊어지셨으므로 우리는 부활의 생명

가운데 거하고 있으며 영원한 생명을 누리고 있습니다. 천국에는 사망이 없고 애통하는 것이 없습니다. 그러므로 애통하거나 곡하는 드라마 장면을 보며 거기에 깊이 빠져들지 마십시오.

슬픈 것을 보면 슬픔이 커져 버립니다. 곡하는 것을 보면 밤낮 없이 곡하는 모습이 떠오르게 됩니다. 죽는 장면을 자꾸 보면 죽음에 대한 두려움이 오게 됩니다. 천국에는 그런 것이 없으므로 우리는 천국에 있는 것들만 생각하고 믿으며 살아가야 합니다. 그럴 때 천국의 행복과 풍요로움이 우리의 삶에 나타나게 됩니다.

하나님의 뜻은 우리가 기뻐하고 춤을 추고 잔치하며 행복을 즐기는 것입니다. 빛 가운데 거하면서 천국을 누리기를 원하십니다. 그러므로 당신 안에서 터져 나오는 생수의 강을 인한 의와 평강, 희락을 나타내고 빛 가운데 행하며 밝은 얼굴 표정을 지으십시오.

"인자는 와서 먹고 마시매 말하기를 보라 먹기를 탐하고 포도주를 즐기는 사람이요 세리와 죄인의 친구로다 하니 지혜는 그 행한 일로 인하여 옳다 함을 얻느니라."(마 11:19)

천국은 바깥이 아닌 당신 안에서 시작된다

　당신은 지금 무엇 때문에 하나님 나라를 못 누립니까?

　하나님의 나라를 두자로 줄이면 '천국'입니다. 당신 안에 하나님 나라 곧 천국이 실제로 들어와 있습니다. (눅 17:21)

　나는 천국을 날마다 경험하고 있습니다. 나는 의롭고 성령 충만하고 건강하고 부요하고 지혜롭고 평화롭고 생명이 넘칩니다. 매일의 삶이 즐겁습니다. 그래서 만나는 모든 사람에게 "천국같이 살다가 천국으로 갑시다"라고 말하며 전도합니다.

　나를 만난 사람들은 하나같이 내가 행복한 이유를 묻습니다.

　"얼굴에서 빛이 나네요. 어쩜 그렇게 행복할 수 있나요?"

　그러면 나는 한마디로 딱 잘라 대답합니다.

"내 안에 예수 그리스도가 실제로 살아 계시기 때문입니다."

내 안에 천국이 있습니다. 나는 천국에 온 것처럼 행복합니다.

"김열방 목사님은 하는 일마다 다 잘 되니까 그렇죠. 원하는 대로 다 이루어지고 잘 나가니까 그렇죠. 우리는 안 그래요."

그렇습니다. 나는 하고 싶은 거 다 하며 삽니다. 내가 하는 일마다 저절로 잘됩니다. 모두 하나님의 은혜 때문입니다.

나는 소위 말하는 '잘 나가는 사람'입니다. 하나님이 주신 천재적인 지혜로 많은 책을 썼고 전국과 세계를 다니며 강연하고 출판 사업으로 억대 수입을 올리고 넓은 아파트에 살고 메르세데스 벤츠를 두 대나 몰고 다닙니다. 자녀도 네 명이나 낳아 키웠습니다.

그러나 그것은 눈에 보이는 작은 현상이요 결과물에 불과합니다. 그 모든 것은 내 안에서부터 시작된 것입니다. 내가 누리는 의로운 삶과 성령의 나타남과 건강한 몸과 억만장자의 부요와 천재적인 지혜는 내 안에 계신 예수 그리스도를 믿는 믿음으로 말미암아 단번에 또는 점차적으로 나타나게 된 것입니다. 내 안에 하나님의 나라가 임한 순간부터 내 인생이 완전히 달라졌습니다.

그리스도 밖에 있었을 때, 나는 죄인이었고 목마른 자였고 병든 몸으로 피곤하고 힘들어 했습니다. 거지처럼 가난했고 어리석은 바보였습니다. 그런 내가 스무 살에 예수님을 구주로 영접하자 새로운 피조물로 바뀌었고 새 삶이 시작되었습니다.

나는 그리스도 안에서 의인이 되었고 성령 충만해졌습니다. 성령의 21가지 은사가 나타나기 시작했습니다. 질병과 가난과 저주가 사라지고 건강과 부요와 형통함이 나타났습니다. 어리석음이 사라지고 천재적인 지혜가 나타나게 되었습니다. 이 모든 것이 내 안에 실제로 살아 계신 예수 그리스도로 말미암은 것입니다. 나는 날마다 행복하고 부요한데 이러한 행복의 근원은 마음입니다. 사람이 누리는 모든 불행과 행복은 마음에서부터 시작됩니다.

첫째, 의는 마음에서부터 시작됩니다.
둘째, 성령 충만도 마음에서부터 시작됩니다.
셋째, 건강도 마음에서부터 시작됩니다.
넷째, 부요도 마음에서부터 시작됩니다.
다섯째, 지혜도 마음에서부터 시작됩니다.
여섯째, 평화도 마음에서부터 시작됩니다.
일곱째, 생명도 마음에서부터 시작됩니다.

당신도 나처럼 예수를 구주로 영접하십시오.

당신이 예수를 구주로 영접하는 순간, 당신의 모든 죄는 사함 받고 성령으로 거듭나게 됩니다. 그리고 당신 안에 하나님의 영 성령님이 한강처럼 가득히 임하게 됩니다. 그 성령님은 곧 하나님이십니다. 그러므로 그 순간부터 당신에게 하나님의 의와 평강과 희락이 나타나게 되고 하나님의 부와 지혜와 능력이 나타나게 됩니다. 천국의 영광과 능력과 빛이 가득하게 됩니다. 하나님의 나라가 당신의 삶 전반에 펼쳐지게 됩니다. 생각을 바꾸세요.

"우리 집안은 천국이 아니에요. 어머니는 집을 나갔고 지금 어디 계신지 알 수 없어요. 아버지는 아파 누워 있고 나는 가난에

찌들어 있어요. 이게 무슨 천국인가요? 지옥이나 마찬가지에요."

가정에서부터 당신 안으로 천국이 흘러들어 가는 것이 아닙니다. 예수를 구주로 믿는 순간 성령으로 말미암아 천국이 당신 안에 이미 들어와 있으며, 그 천국이 당신 안에서부터 생수의 강처럼 흘러넘쳐서 가정 전체에 가득하게 됩니다. 나아가 그 천국이 직장과 사회로 흘러 온 세상이 천국으로 바뀌게 되는 것입니다.

그러므로 바깥에서 천국을 찾으려고 하지 말고 당신 안에 있는 천국을 인정하고 그것을 누리면서 항상 기뻐하십시오. 범사에 감사하십시오. 쉬지 말고 기도하십시오. 성령님과 함께 살면 그 천국이 당신 안에서부터 흘러나와 모든 사람을 행복하게 만듭니다.

그리고 때가 되면 집을 나간 어머니가 돌아오고, 아파 누워 있는 아버지가 낫고, 가난이 떠나가고 부요함이 넘치게 됩니다. 당신이 마음으로부터 행복이 넘치는 삶을 살면 환경은 저절로 바뀌게 됩니다. 믿음으로 말미암아 의로워진 행복한 당신은 시냇가에 심기운 나무가 되었고, 그 하는 일이 다 형통하게 됩니다.(시 1:3)

우리는 싫은 것에 대해서는 싫다고 말하면서 우리가 진정으로 원하는 것이 무엇인지를 정확하게 알고 그것만 입으로 말하고 믿어야 합니다. 우리가 싫어하는 것은 무엇입니까? 지옥입니다.

그렇다면 정직하게 "나는 지옥이 싫습니다. 천국이 좋습니다"라고 말해야 합니다. 그리고 "내 안에 하나님의 나라가 있습니다. 날마다 천국의 행복과 부요가 나타나고 있습니다"라고 말해야 합니다. 지금부터 당신의 생각과 말을 천국형으로 바꾸십시오. 그러면 천국의 속성들이 당신의 삶에 나타나기 시작할 것입니다.

예수 이름으로 꾸짖어 지옥의 현상을 몰아내라

당신은 지옥의 현상을 인정하고 받아들이지 않습니까?

지옥의 현상인 죄와 목마름, 병과 가난, 어리석음과 징계와 죽음이 나타나는 것은 하나님의 뜻이 아닙니다. 예수 이름으로 꾸짖어 당신의 삶과 가정, 사업장에서 떠나보내야 합니다. 가만히 앉아서 당하지 말고 예수 이름으로 명령하며 꾸짖으십시오.

한번만 아니라 두 번 세 번 명령하십시오. 그러면 떠납니다.

항상 기도하고 낙망치 말아야 할 것을 예수님께서 비유로 드셨는데, 여기서 우리는 싫은 것에 대해서는 번거롭게 해서 쫓아내고, 좋은 것에 대해서는 인정하고 환영하여 풍성히 누려야 함을 깨닫게 됩니다.

"어떤 마을에 하나님을 두려워하지 않고 사람들을 무시하는 재판관이 있었다. 그 마을에 과부가 한 명 있었다. 그는 재판관을 찾아가서 말하였다. '내 원수를 갚아 주십시오.' 그 재판관은 한동안 그의 간청을 들어 주려고 하지 않았다. 그러나 얼마 후에 속으로 중얼거렸다. '내가 하나님을 두려워하지 않고 사람을 무시하지만 이 과부가 나를 귀찮게 하니 그의 간청을 들어 주어야겠다. 그렇지 않으면 계속 와서 나를 괴롭힐 것이다.'"

주님께서 말씀하셨습니다.

"이 불의한 재판관이 말한 것을 들어보라. 하물며 하나님께서 밤낮 부르짖는 하나님의 선택된 백성들의 간청을 듣지 않으시고 오랫동안 미루시겠느냐? 내가 너희에게 말한다. 하나님께서 속히 그의 백성들에게 정의를 베푸실 것이다. 그러나 인자가 올 때 이 세상에서 이 믿음을 발견할 수 있겠느냐?"

과부가 원한을 풀어 달라고 호소를 했습니다. 누구에게요?
불의한 재판관에게 강청했습니다. 하나님을 두려워하지 않는 불의한 재판관은 하나님이 아닙니다. 에스겔서 28장 15절의 "너의 불의가 드러났도다"라는 말처럼 사탄이 불의의 재판관입니다.
불의의 재판관 사탄이 불법을 행하고 있습니다. 예수를 구주로 믿는 사람들 속에는 천국이 이미 들어왔고 죄와 목마름과 병과 가난과 어리석음이 다 떠나갔는데 사탄의 세력이 불법으로 우리를 괴롭히고 있는 것입니다.

그럴 때 이 과부는 원한을 풀어 달라고 했습니다. 사탄이 우리의 삶의 영역에 몰래 들어와 죄와 목마름, 병과 가난, 어리석음 등으로 우리를 괴롭힐 때 우리는 그러한 세력들이 떠나가도록 과부처럼 강력히 요청해서 번거롭게 만들어야 합니다.

"과부가 나를 번거롭게 하니 내가 그 원한을 풀어 주리라. 그렇지 않으면 늘 와서 나를 괴롭게 할 것이다."

천국의 현상이 아닌 지옥의 현상에 대해 늘 번거롭게 만들어 그것을 완전히 쫓아내야 합니다. 죄와 목마름은 하나님께로부터 온 것이 아닙니다. 병과 가난도 어리석음도 하나님께로부터 온 것이 아닙니다. 어디에서 왔습니까? 사탄의 속임수에 의해 우리가 불법으로 당하고 있는 것입니다. 그러므로 이러한 것들을 계속 귀찮게 만들어 우리에게서 완전히 떠나가도록 해야 합니다.

"번거롭게 한다"는 말은 '성가시게 한다' '귀찮게 한다'는 스포츠 용어입니다. 권투 선수가 상대방의 눈을 계속 때려서 시퍼렇게 멍들게 하여 피가 납니다. 그런데도 그곳만 계속 집중적으로 때려 결국 쓰러뜨리는 것을 말합니다.

우리의 삶에 역사하는 죄와 목마름과 병과 가난과 어리석음에 대해 계속 번거롭게 만들어 그것들이 완전히 떠나가도록 만들어야 합니다. 그런데 "얼마 동안 듣지 않았다"고 했습니다.

얼마 동안 듣지 않더라도 결국 믿음대로 다 움직입니다.

어떤 구습들은 얼마 동안 듣지 않는 것처럼 보입니다. "예수 이름으로 명하노니 병과 가난과 귀신은 떠나가라"고 외쳤지만 얼마 동안 듣지 않는 것같이 보입니다. "죄는 떠나가라"고 외쳤지만 얼마 동안 듣지 않는 것처럼 보이고 계속 습관적인 죄를 짓습니다.

"병은 떠나가라"고 했지만 얼마 동안 계속 아프고 통증이 있습니다. 더 심해지는 것같이 보입니다. "가난은 떠나가라"고 했지만 얼마 동안 재정적인 어려움이 계속 되기도 합니다. "어리석음은 떠나가라"고 했지만 시험에 떨어지기도 하고 내가 원하는 대로 공부가 잘 안 될 수 있고 머리가 멍해질 수도 있습니다.

"목마름은 떠나가라"고 했음에도 불안이 오고 근심 걱정이 올 수도 있습니다. 그래도 흔들리지 않는 믿음으로 계속해서 두세 번 꾸짖어야 합니다. 죄, 목마름, 병, 가난, 어리석음 등의 지옥의 속성들을 계속 번거롭게 만들어 완전히 떠나가게 해야 합니다.

죄를 귀찮게 만드십시오. 목마름을 성가시게 만드십시오. 병을 번거롭게 만드십시오. 가난을 쫓아내십시오. 어리석음을 무시하십시오. 계속 귀찮게 만들어서 그것들이 발도 못 붙이게 만들고 완전히 떠나가도록 대적하십시오. 대적하면 떠나갑니다.

죄와 목마름과 병과 가난과 어리석음을 인정하고 받아들이고 그대로 내버려 두는 사람들이 많습니다. "가난하면 어때" "아픈 것은 어쩔 수 없는 거야" "나는 원래 머리가 나빠" "죄를 지을 수밖에 없는 게 인간이야"라는 식으로 지옥의 속성들을 인정하지 말아야 합니다.

한두 번 요청을 했습니다. 그런데도 별 효과가 없는 것 같습니다. 병과 가난이 여전히 그대로 남아 있는 것 같습니다. 그러니 많은 사람들이 "내 인생은 어쩔 수 없이 죄와 저주 가운데 살아야

만 해"라고 하며 쉽게 포기해 버립니다.

이 과부는 불의의 재판관을 계속 귀찮게 했습니다. 우리가 불의의 속성들을 계속 귀찮게 하면 죄란 놈이 "귀찮아 못 살겠네" 하고는 떠나가 버립니다. 병이란 놈이 "왜 이렇게 번거롭게 하는 거야. 고통을 주려고 이 사람에게 찾아왔는데 이 사람이 계속 나를 귀찮게 하니 내가 도리어 고통스러워 견딜 수가 없네" 하고는 며칠 있다가 떠나가 버립니다.

불의의 속성들을 절대로 먼지만큼이라도 인정하지 마십시오. 그것들을 당신의 삶의 현장에서 완전히 몰아내십시오.

우리는 하나님께 기도할 때 "하나님, 나의 소원을 들어주세요" 하고 소원을 아룁니다. 이는 의의 재판관에게 요청하는 것이며 "의, 생수의 강, 건강, 부요함, 지혜에 광명한 빛처럼 우리의 삶에 풍성히 나타나게 해 달라"는 것입니다. 이에 비해 하나님을 두려워하지 않는 불의한 재판관을 번거롭게 하는 것은 "죄, 목마름, 병, 가난, 어리석음은 떠나가라"고 강력히 요청하는 것입니다.

지옥의 속성들을 떠나보내는 것, 그것도 얼마 동안 듣지 않는 것처럼 보이지만 번거롭게 하면 결국 떠나가 버립니다. "하물며"라고 했습니다. 천국의 속성이 나타나도록 공의로우신 하나님께 구하는 것에 대해 그분이 얼마나 속히 응답하시겠습니까?

"하물며 하나님께서 그 밤낮 부르짖는 자들의 원한을 속히 풀어 주지 않겠느냐? 너희에게 오래 참겠느냐? 너희에게 속히, 곧 풀어 주시리라."

속히, 속히, 속히 우리에게 천국의 풍요로움을 나타내기를 원하십니다. 무엇이든지 원하는 것을 구하면 속히 응답하십니다.

우리는 지옥의 속성들을 받아들이고 그것을 여전히 가지고 있으면서 동일하게 천국의 속성들을 부어 달라고 말할 수는 없는 것입니다. 먼저 불의의 재판관인 지옥의 속성들을 쫓아내야 합니다. 사탄을, 병을, 가난을, 어리석음을 계속 번거롭게 만들어야 합니다. "이 지긋지긋한 놈들아, 다 떠나가라"고 꾸짖고 귀찮게 하고 짓밟고 완전히 몰아내야 합니다. 그러면 다 떠납니다.

천국의 속성은 두 팔 벌리고 환영하라

당신은 무엇을 거절하고 무엇을 환영합니까?

안타깝게도 많은 사람들이 반대로 행동합니다. 지옥의 속성들은 당연한 거란 듯이 환영하고 천국의 속성들은 부정적인 태도로 거절한다는 것입니다. "나는 죄인이야. 의와 성령 충만, 건강과 부요, 지혜와 평화와 생명을 받아들일 수 없어"라고 말합니다.

우리는 지옥의 속성을 거부하고 천국의 속성을 환영해야 합니다. 두 팔을 벌리고 "나는 환영합니다. 천국의 의를 환영합니다. 천국의 생수의 강을 환영합니다. 천국의 치료와 건강을 환영합니다. 천국의 부요함을 환영합니다. 천국의 지혜를 환영합니다"라고 말한 후 "나는 의인이다. 나는 성령 충만하다. 나는 건강하다.

나는 부요하다. 나는 지혜롭다"고 믿고 말해야 합니다. 천국에 대해서만 마음으로 믿고 입으로 시인하며 살아가야 합니다. 그럴 때 우리의 삶 가운데 천국의 풍요로움이 나타나게 됩니다.

의와 성령 충만, 건강과 부요함, 지혜로움 등이 곧 천국의 속성들이며 이 모두가 우리 안에 가득히 들어와 있습니다. 싫은 것은 싫다고 말하고 좋은 것은 좋다고 말해야 합니다. 그래야 하나님이 기뻐하십니다. 우리의 삶의 현장에서 지옥의 속성들을 몰아내고 천국의 속성들을 풍성히 누리는 것이 하나님의 뜻입니다.

주님께서 원하시는 믿음은 무엇입니까?

무엇이든지 기도하고 구하는 것은 받은 줄로 믿으라는 것입니다. 내 안에 천국이 들어와 있으니 내 밖에 있는 가정과 내 주위에 있는 환경과는 상관없이 이미 내 안에 있는 천국만 믿고 말하면서 살아가야 합니다. 그러면 내 모든 환경과 사람들이 변화되고 천국이 내 삶에 환하게 펼쳐지게 됩니다.

예수 그리스도를 믿는 사람에게 성령님께서 천국을 가지고 들어오셨습니다. 천국에는 눈물이 없습니다. 탄식이 없습니다. 가난이 없습니다. 죄가 없습니다. 병이 없습니다. 어리석음이 없습니다. 징계가 없습니다. 죽음이 없습니다.

천국에는 행복이 넘칩니다. 의가 넘치고 생수의 강 곧 성령 충만이 넘치고 있습니다. 그리고 건강이 있고 재벌의 부가 넘칩니다. 천재적인 지혜가 가득합니다. 천국에는 모든 꿈이 다 이루어진 사람들이 들어가 있으며 그곳에는 기도 응답을 받은 사람들이 들어가 있습니다. 그런 천국의 속성을 인정하고 환영하십시오.

하나님 나라에 들어가려면 어떻게 해야 할까?

천국에 들어가려면 어떻게 해야 할까요?
다음의 두 가지를 꼭 기억하고 실천해야 합니다.

첫째, 티끌 같은 자기 의를 내려놓아야 합니다.
둘째, 태산 같은 의가 하나님의 선물로 주어진다는 것을 인정하고 받아들여야 합니다.

'티끌 같은 자기 의'를 내려놓는 것에 대해 예수님께서 비유를 들어 말씀하셨습니다.

"두 사람이 기도하려고 성전에 올라갔는데, 하나는 바리새파 사람이고 하나는 세리였다. 바리새파 사람이 서서 이렇게 기도하였다. '하나님, 나는 다른 사람 즉 사기꾼, 죄인, 간음을 행하는 자와 같지 않고 이 세리와 같지 않은 것에 감사를 드립니다. 나는 일주일에 두 번씩 금식하며 모든 수입의 십일조를 바칩니다.' 한편 세리는 멀리 서서 감히 눈을 들어 하늘을 보지도 못하고 다만 가슴을 치며 말했다. '하나님, 이 죄인을 불쌍히 여겨 주십시오.' 내가 너희에게 말한다. 이 사람이 저 바리새파 사람보다 의롭다는 인정을 받고 집으로 돌아갔다. 누구든지 자기를 높이는 사람은 낮아지고 자기를 낮추는 사람은 높아질 것이다."

이 내용은 우리에게 무엇을 말하고 있습니까? 티끌 같은 자기 의를 내려놓으라는 것입니다. 바리새인은 티끌 같은 자기 의를 내세웠습니다. 그는 자신이 토색, 불의, 간음을 행한 적이 없다고 했습니다. 일주일에 두 번씩 금식한다고 했습니다.

율법에서는 1년에 한 번 정도만 금식하도록 그것도 대속죄일에만 하도록 명하고 있습니다. 그런데 바리새인은 자기 의를 내세우려고 일주일에 두 번씩 금식을 했던 것입니다. 소득의 십일조를 드리는 것은 "하나님의 내 모든 것의 주인이십니다"라는 믿음으로 당연히 드리는 것인데 바리새인은 그것으로 자기 의를 드러내고 자랑했습니다.

하나님의 은혜에 감사해서 금식하고 십일조를 드리고 예배에 참석하는 것입니다. 그런데 자기 의를 드러내기 위해서 그런 것들을 하는 사람들은 하나님 앞에 인정을 받지 못합니다.

평생토록 일주일에 두 번씩 금식을 하고 철야한 것, 1점
평생토록 소득의 십일조와 특별 헌금을 낸 것, 1점
평생토록 주일 성수하고 교회 봉사한 것, 1점
평생토록 구제하고 선교하고 착한 일을 한 것, 1점
평생토록 새벽기도회 한 번도 안 빠진 것, 1점

이 모든 것을 다 합쳐도 5점 밖에 안 되니 그것으로는 천국에 들어갈 수가 없습니다. 천국에 들어가려면 100점 이상이 되어야 하기 때문입니다. 이 모든 것은 구원받고 의롭다 함을 얻기 위해 하는 것이 아니라 믿음으로 말미암아 구원받고 의롭다 함을 얻은 사람들이 구원의 즐거움과 자원하는 심령으로 당연히 하는 자연스런 열매인 것입니다. 우리가 아무리 착한 일을 많이 하고, 고행을 하고, 도를 닦고, 각종 훈련을 받고, 십일조를 드리고, 금식을 한다고 할지라도, 많은 봉사를 했다 할지라도 그러한 행위로는 천국에 들어갈 수 없습니다. 그 모든 것을 합해도 5점밖에 되지 않기 때문입니다. 티끌 같은 자기 의를 내려놓아야 합니다.

예수를 믿기만 해도 120점짜리 넘치는 구원을 얻게 됩니다.

세리는 자기의 의를 내세울 것이 없었습니다.

"하나님이여, 나를 용서하십시오. 나는 내세울 것이 없고 허물과 죄 뿐이므로 당신의 의만 의지합니다."

예수님께서 말씀하셨습니다.

"이 사람이 저보다 더 의롭다 함을 받고 돌아갔다."

그는 120점짜리 태산 같은 의를 선물로 받았습니다.

바리새인의 의는 티끌 같은 의였습니다. 우리 중에 어떤 이들도 바리새인처럼 "나는 착한 일을 많이 하고 기도와 구제를 많이 했으니 의롭다"라고 주장할 수 있을 것입니다. 그러나 그것은 천국에 들어갈 수 있는 의가 안 됩니다. 하나님이 인정하는 의가 아닙니다. 성경에 우리 인간의 의는 다 더러운 옷 같아서 밖에 버려진다고 했습니다.

"대저 우리는 다 부정한 자 같아서 우리의 의는 다 더러운 옷 같으며……"(사 64:6)

"여호수아가 더러운 옷을 입고 천사 앞에 섰는지라. 여호와께서 자기 앞에 선 자들에게 명하사 그 더러운 옷을 벗기라 하시고 또 여호수아에게 이르시되 내가 네 죄과를 제하여 버렸으니 네게 아름다운 옷을 입히리라."(슥 3:3~4)

하나님이 인정하시는 의는 무엇입니까? 태산 같은 의입니다.
그런 의가 어디서 옵니까? 예수 그리스도를 구주로 믿는 순간에, 하나님께서 우리에게 태산 같은 의를 선물로 거저 주시는 것입니다. 이것은 99점짜리 모자라는 의가 아닙니다. 넉넉한 구원, 넘치는 구원이며 120점짜리 구원, 120점짜리 의입니다. 천국에 넉넉히 들어가는 넘치는 은혜의 점수인 것입니다.
만약 당신이 지금 예수를 구주로 믿고 있다면 당신은 이미 태산 같은 의, 넘치는 의를 가진 것입니다. 이미 하나님이 완전히 받아 주셨습니다. 어떤 종교 행위나 선행과 상관없이 이미 믿음으로 넘치는 구원을 받았다는 말입니다.

당신은 이미 넉넉한 구원을 얻었습니다.

"그 은혜의 지극히 풍성함을 주셨다."(엡 2:7)
"측량할 수 없는 그리스도의 풍성함을 주셨다."(엡 3:8)
"기름으로 내 머리에 바르셨으니 내 잔이 넘친다."(시 23:5)
"우리 주의 은혜가 넘치도록 풍성하였다."(딤전 1:14)
"우리는 모두 그분에게서 넘치는 은총을 받고 또 받았다."(요 1:16)

너무나 놀랍지 않습니까? 하나님은 우리에게 넘치는 은혜, 은혜 위에 은혜로 구원을 주셨습니다. 그 보증으로 그리스도의 성령을 우리 마음 가운데 보내셨고 성령님은 이미 천국을 가지고 우리 안에 들어와 있습니다.

그래서 예수님께서 "죽으면 천국에 들어갈 것을 기대하고 이 땅에서는 천국과 상관없이 지옥 같은 삶을 살아라" 하지 않고 "하나님의 나라가 이미 너희 안에 있다. 그러니 기뻐하고 뛰놀라"고 하신 것입니다. 이미 천국이 우리 안에 가득히 들어와 있습니다.

우리는 태산 같은 의를 얻었기 때문에 당연히 티끌 같은 선한 일을 행하는 것입니다. 구원을 얻기 위해 착한 일을 하는 것이 결코 아닙니다. 하나님이 태산 같은 의를 우리에게 선물로 주셨기 때문에 그 중에서 티끌만큼만 사용해도 구제를 하게 되고 선교를 하게 되고 주일을 성수하게 되고 십일조를 하게 되는 것입니다.

수많은 신앙 행위와 상관없이 예수를 구주로 믿는 사람은 천국에 넉넉히 들어갈 의를 이미 얻었다는 사실을 인정하고 믿어야 합니다. 그리고 이러한 태산 같은 의가 '하나님의 선물'이라는 사실을 분명히 기억해야 합니다.

"너희는 그 은혜에 의하여 믿음으로 말미암아 구원을 받았으니 이것은 너희에게서 난 것이 아니요 하나님의 선물이라. 행위에서 난 것이 아니니 이는 누구든지 자랑하지 못하게 함이라."(엡 2:8)

젖을 빠는 아기처럼 하나님을 의지하라

당신은 믿음이 무엇이라고 생각하십니까?

믿음은 젖을 빠는 아기와 같이 그분을 의지하는 것입니다.

사람들이 예수님께서 만져 주시기를 원하여 어린아이들을 데리고 왔습니다. 제자들이 이를 보고 그들을 꾸짖었습니다. 그러나 예수님은 사랑스런 눈빛으로 그들을 부르고 말씀하셨습니다.

"어린아이들이 내게로 오는 것을 막지 마라. 하나님 나라는 이런 어린아이들의 것이다. 내가 진정으로 너희에게 말한다. 어린아이와 같이 하나님 나라를 받아들이지 않는 사람은 하나님 나라에 들어갈 수 없다."

어린 아이들은 겸손하고 순수합니다. 어린 아이들은 자기 힘으로 어떤 것을 할 수 없다는 것을 알고 전적으로 부모님을 의지합니다. 특히 여기서 말하는 어린아이는 청소년이 아닌 '어린 아기'를 가리킵니다.

누가복음 18장 15절에 보면 "어린 아기를 데려왔다"고 했습니다. 어린 아기는 전적으로 어머니를 의지하기 때문에 아무런 염려와 근심이 없습니다. 우리가 이런 어린 아기와 같은 마음으로 전적으로 하나님을 의지할 때 구원을 선물로 얻게 되며, 삶의 모든 영역에서 그분의 돌보심과 공급하심을 경험하게 됩니다.

그런데 어린 아기와 같은 마음이 아닌 자기 스스로 구원을 얻을 수 있다고 생각한 사람이 있었습니다.

그는 부자였고 청년이었고 관원이었습니다. 그는 웬만한 일은 스스로 할 수 있는 힘이 있었고 항상 그런 삶의 방식이 몸에 배여 있었으므로 구원 받는 것도 역시 자기 스스로의 힘으로 할 수 있을 것이라고 착각했습니다. 그는 예수님께 물었습니다.

"선한 선생님, 영생을 얻으려면 내가 무엇을 해야 합니까?"

"내가 무엇을 하여야……"(눅 18:18)

그는 자기가 무엇을 하므로 영생을 얻을 수 있다고 생각했습니다. 이것이 오늘날 수많은 율법주의자들의 교만스런 고민입니다. 예수님께서 대답하셨습니다.

"왜 나를 선하다고 하느냐? 선한 분은 오직 하나님 한 분뿐이시다. 너는 계명들을 알고 있다. '간음하지 마라. 살인하지 마라. 도둑질하지 마라. 거짓 증언하지 마라. 네 아버지와 어머니를 공경하여라.'"

그가 대답했습니다.

"이 모든 것을 저는 어려서부터 다 지켜 왔습니다."

예수님께서 이 말을 들으시고 그를 사랑하는 마음으로 정직하게 충고의 말씀을 하셨습니다. 계명을 지켰기 때문에 사랑하신 것이 아닙니다. 그를 진정으로 사랑하는 마음으로 그 청년의 속 깊이 있는 근본적인 문제를 지적하셨다는 말입니다.

"네게 아직도 부족한 것이 하나 있다. 네 재산을 다 팔아 가난한 사람들에게 나누어 주어라. 그러면 하늘에서 보화를 얻을 것이다. 그리고 와서 나를 따르라."

이 말씀을 듣고 그는 몹시 근심하였습니다. 왜냐하면 그는 큰 부자였기 때문입니다. 예수님께서 그를 보시며 말씀하셨습니다.

"부자가 하나님 나라에 들어가는 것이 참으로 어렵다. 부자가 하나님 나라에 들어가는 것보다, 낙타가 바늘구멍으로 지나가는 것이 더 쉽다."

사람들이 이 말씀을 듣고 말했습니다.

"그렇다면 누가 구원받을 수 있겠습니까?"

이에 예수님께서 대답하신 결론은 무엇입니까?

"사람으로는 할 수 없는 것을 하나님께서는 하실 수 있다."

여기서 우리에게 말씀하고자 하는 것이 있습니다. 예수님께서 그 청년에게 "너의 가진 것을 다 팔아 가난한 자에게 주고 나를 따라오라"고 하신 말씀은 "영생을 얻는 것은 너의 힘으로 할 수 없다. 절대 네가 가진 보화로는 구원을 얻을 수 없다는 것을 기억하라. 그것을 마음에서 내려놓고 하늘로서 온 보화이니 나 예수를 믿고 의지하라"는 것입니다.

계명을 지킴으로 구원을 얻을 수 없습니다. 사람들이 착각을 하고 있는 것이 "계명을 지킴으로 구원을 얻을 수 있다"고 여기는 것입니다. 그것은 사탄에게 속고 있는 것입니다. 계명은 구원을 얻기 위한 방편으로 주신 것이 아니라 구원을 얻은 사람에게 건강한 삶을 위해 지키라고 주신 것입니다. 양의 피를 문설주에 바르고 애굽을 빠져나와 홍해를 건넌 사람들을 위해 하나님께서 시내산에서 모세를 통해 십계명을 주셨습니다. 예수 그리스도를 믿는 사람에게 하나님께서 계명을 주시므로 "이렇게 살아갈 때 너희가 건강한 삶을 살아갈 수 있다"고 하신 것입니다.

하지만 이 부자 청년은 율법주의에 빠져 있었습니다. 자기가 계명을 지키므로 구원을 얻을 수 있다는 것이 가장 큰 교만입니다. 로마서 3장 20절에 말씀하기를 "율법의 행위로 그의 앞에 의롭다 하심을 얻을 육체가 없나니 율법으로는 죄를 깨달음이니라. 이제는 율법 외에 하나님의 한 의가 나타났으니 율법과 선지자들에게 증거를 받은 것이라. 곧 예수 그리스도를 믿음으로 말미암아 모든 믿는 자에게 미치는 하나님의 의다"라고 했습니다.

우리는 예수 그리스도를 믿음으로 말미암아 태산 같은 의를 선물로 얻었습니다. 이것이 우리에게서 난 것이 아니요 하나님의 선물입니다. 행위에서 난 것이 아니요 하나님의 은혜입니다.

나는 할 수 없다는 결론을 내려야 하나님이 하십니다.

모든 사람이 죄를 지어 하나님의 영광에 이를 수 없게 되었습니다. 그런 사람이 그리스도 예수께서 주시는 속죄를 통해, 하나님의 은혜로 의롭다 함을 받게 되는 것입니다. 그것은 하나님께서 '거저 주시는' 선물입니다.(엡 1:6, 롬 5:16, 롬 6:23)

하나님께서 그의 아들 예수 그리스도를 화목 제물로 내어 주셨으며 그가 우리 대신 모든 죄를 지고 십자가에서 피 흘려 죽으셨습니다. 그러므로 누구든지 예수님의 피를 믿음으로 죄를 용서받게 됩니다. 그렇다면 사람이 자랑할 것이 어디 있겠습니까? 하나도 없습니다. 어떠한 법으로 사람이 의롭게 됩니까? 사람이 의롭게 되는 것은 오직 믿음의 법에 의해서만 이루어집니다. 율법을 지키는 것과는 상관없이 믿음으로 의롭게 된다는 것입니다.

예수님은 사람이 할 수 없는 것을 부자 청년에게 시키셨습니다. 만약 어떤 사람이 일평생 공부하여 박사 학위를 다섯 개 받았다고 그것을 내세우며 "이 박사 학위를 가지고 구원을 얻을 수 있을 거야"라고 할 때 예수님은 "네가 가진 그 박사 학위를 모두 다른 사람에게 주고 나를 따라오라"고 하실 것입니다. 학위에 집착하며 그것을 힘으로 여기는 그 사람에게 있어서는 그것이 거의 불가능한 일이라 할 수 있습니다.

또 어떤 사람이 평생 일을 해서 집을 열 채 가졌다고 그것을 내세우며 "이 집을 가지고 구원을 얻을 수 있을 거야"라고 할 때 예수님은 "네가 가진 그 집을 다 팔아 남들에게 주고 나를 따라오라"고 하실 것입니다.

하지만 죽도록 고생해서 얻은 박사 학위를 남 준다고 해서, 집을 판다고 해서 구원을 받을 수 있는 것이 결코 아닙니다. 박사 학위 받기 위해, 집을 사기 위해 노력하는 것처럼 내 행위로 뼈 빠지게 노력한다고 영생을 얻을 수 있는 것이 아니라는 말입니다.

인간의 힘과 능으로는 절대로 구원을 얻을 수 없습니다.

많은 사람들이 이 말씀을 가지고 엉뚱한 해석을 했습니다.

"맞아, 집을 팔아서 가난한 자에게 주고 주님을 따라야 구원을 얻는가 보다. 부자는 천국에 못 들어가."

그것이 아닙니다. 여기서 말하는 것은 "구원을 얻기 위해서, 영생을 얻기 위해서 모든 재물을 다 팔아 가난한 자에게 준다고 할지라도 너는 영생을 얻을 수 없다"는 것입니다. "너는 절대 할 수 없다"는 말입니다. "이 사람이 부자인 고로 심히 근심하며 돌아갔다"고 했습니다. 이러한 절대 절망이 구원으로 가는 희망이요 시작입니다. 내 행위로 불가능하므로 하나님의 행위를 의지하게 되기 때문입니다. 하나님의 행위는 그리스도의 십자가입니다.

이 청년 관원은 부자였을 뿐 아니라 자기가 가진 소유에 대해 매우 강한 집착심을 갖고 있었습니다. 그 소유가 자기의 생명을 지탱시켜 줄 것이라고 생각했습니다. 소유에 대한 집착심을 버려야 주님께서 더 많은 것으로 주실 수 있습니다. 내가 집착해서 얻는 것은 티끌 같고 하나님이 선물로 주시는 것은 태산 같습니다. 베드로가 예수님께 말했습니다.

"우리는 모든 것을 버리고 주님을 따랐습니다."

보이지 않는 하나님의 나라를 위해 보이는 것들에 대한 집착심을 내려놓았다는 것입니다. 예수님이 말씀하셨습니다.

"내가 진정으로 너희에게 말한다. 하나님 나라를 위해 집이나 아내나 형제나 부모나 자녀를 버린 사람은……"

오직 주님만을 주인으로 모시고 따라간 사람을 말합니다.

그 사람은 과연 어떻게 됩니까? "이 세상에서 여러 배로 받을 것이요 또한 오는 세상에서 영생을 얻을 것이다"라고 하셨습니다. 이 땅에서도 여러 배 또는 백배를 받고 내세에 영생을 받지 못할 자가 없다는 것입니다. 당신은 오늘 마음을 새롭게 해야 합니다.

예수님께서는 부자가 천국에 들어가지 못한다는 말씀을 하신 것이 아닙니다. 부자가 착각하는 것은 재물이면 무엇이든 다 된다고 생각하는 것입니다. 재물로 영생을 살 수 없습니다. 재물이 있는 자는 하나님의 나라에 들어가기가 어떻게 어렵습니까? 약대가 바늘귀로 들어가는 것이 부자가 하나님 나라에 들어가는 것보다 오히려 쉽다고 했습니다. 실제 '바늘귀' 또는 예루살렘에 '바늘귀'라는 문이 있는데 그곳에는 사람만 들어갈 수 있고 낙타가 들어가려면 모든 짐을 내려놓고 무릎을 꿇어야만 가능합니다.

이처럼 우리가 천국에 들어가려면, 그리고 이 땅에서 천국의 행복을 누리려면 먼저 우리 마음에 집착하고 있는 '내 행위들'을 다 내려놓아야 합니다. 어떤 것에 대해 집착하고 있다는 것은 내가 그것을 '힘'으로 여긴다는 것입니다. 당신은 천국에 들어가기 위해 어떤 힘으로 가능하다고 생각하십니까?

그 어떤 인간의 힘으로도 천국에 들어갈 수 없습니다. 내 마음에 집착하는 것을 내려놓고 오직 예수 그리스도를 구주로 믿는 믿

음으로 하나님께 나아와야 합니다. 그리고 내 안에 임한 천국을
마음으로 믿고 입으로 시인하므로 풍요와 쉼을 누려야 합니다.

"다 이루었다."(요 19:30)
"두려워 말고 믿기만 하라."(눅 8:50)

하루 만에 다 주신다는 것을 믿으라

크게 성공하려면 어떻게 해야 할까요?

순간마다 성령님의 이끄심을 따라 살아야 합니다. 성령님의 인도하심은 어디에 있을까요? 모든 일을 끝에서부터 시작하는 것입니다. 하나님은 어떤 일이든지 끝에서부터 행하시는 분입니다.

"여호와께서 들으시기에 백성이 악한 말로 원망하매 여호와께서 들으시고 진노하사 여호와의 불을 그들 중에 붙여서 진영 끝을 사르게 하시매⋯: "(민 11:1)

인간은 처음부터 자기 행위를 쌓아올리려 하지만 하나님은 끝에서부터 자기 은혜를 베푸십니다.

구원은 인간이 신을 만나기 위해 땀 흘리며 한 층씩 바벨탑을 쌓아 올리는 것이 아니라 하늘에서 사다리가 내려오는 것입니다. 열심히 일하고 쉬는 것이 아니라 먼저 쉬고 열심히 일해야 합니다. 우리가 착한 일을 행하는 것도 구원 받기 위해서가 아닌 구원 받았기 때문에 은혜 안에서 자원하는 심령과 구원의 즐거움으로 하는 것입니다. 순서와 위치가 바뀌면 저주를 받습니다.

하나님께서 천지를 창조하실 때 하루 종일 일하시고 주무셨습니까? 그렇지 않습니다. "밤이 되고 아침이 되매 이는 첫째 날이니라"고 했습니다. 하나님께서 왜 밤을 만들었습니까? 그분이 다 이루었으니 우리 인생들에게 쉼에서부터 출발하라는 것입니다. 우리가 쉼을 얻고 밤에 잠을 자고 있으면 하나님께서 그동안 또 다른 크고 놀라운 일들을 행하십니다. 잠에서 깨면 놀랍니다.

하나님을 완전히 신뢰하십시오. 그분은 일을 행하며 그것을 지어 성취하시는 전능한 분이십니다. 그분이 다 하십니다.

예수님은 "내일 일을 염려하지 말라. 한 날의 괴로움은 그날에 족하다"고 하셨습니다. 하나님이 그 사랑하시는 자에게 잠을 주십니다. 밤에 잠을 푹 자고 내일 일은 내일 염려해야 합니다.

아침에 일어나면 지난밤에 고민하던 것을 하나님께서 해결해 놓으십니다. 이처럼 우리 인생은 쉼에서부터 출발하는 것입니다. 쉬지 못하는 것은 내가 천지를 창조하려는 것처럼 교만한 마음으로 주인 행세를 하는 것과 같습니다. 내가 하려는 것을 내려놓고 쉬면 하나님이 일하시고, 밤이 되고 아침이 되니 하나님께서 준비해 놓으신 모든 것이 눈앞에 펼쳐지게 됩니다.

이에 우리는 그것을 감사함으로 받아 누리면 됩니다.

예수님께서 우리 대신 십자가에 달리셔서 우리의 모든 죄와 저주를 담당하셨습니다. 하나님께서 이미 태산 같은 의를 선물로 주셨습니다. 또한 우리는 하나님의 나라를 소유하고 있습니다. 하나님의 나라가 성령으로 우리 속에 가득히 들어와 있다는 것을 믿고 그 '내 안에 있는 천국'의 속성들인 의와 성령 충만, 건강과 재벌의 부요함, 천재적인 지혜를 마음껏 누리며 행복하게 살아가기 바랍니다. 나는 매일 그렇게 행복한 삶을 살고 있습니다.

"천국같이 살다가 천국으로 갑시다."

일에 대한 부담을 다 내려놓으십시오. 하나님의 방법대로 끝에서부터 시작하면 하나님은 하루 만에도 다 주십니다.

"내가 하루 만에 다 줄게."

사실 진짜 큰일은 하루 만에 다 일어납니다.

고기가 먹고 싶다는 이스라엘 백성들에게 하나님은 하루 만에 300만 명이 먹고도 남을 정도의 많은 메추라기를 보내셨습니다. 그 문제는 인간이 쫓아다니며 하루에 한 마리씩 잡아서 해결되는 것이 아니었습니다. 하나님이 직접 해결해야 되는 문제였습니다.

"바람이 여호와에게서 나와 바다에서부터 메추라기를 몰아 진영 곁 이쪽 저쪽 곧 진영 사방으로 각기 하룻길 되는 지면 위 두 규빗쯤에 내리게 한지라."(민 11:31)

당신이 공책에 적은 꿈과 소원 목록은 하나님이 다 해결하십니다. 하나님은 하루 만에 다 주십니다. 하루 만에 5000개의 보리 떡을 주십니다. 하루 만에 5000개의 물고기를 주십니다. 하루 만에 300쪽의 책을 쓰게 하십니다. 하루 만에 300억 원의 돈을 주십니다. 하루 만에 100채의 아파트를 주십니다. 하루 만에 100채의 빌딩을 주십니다. 하루 만에 300만 명의 성도를 보내십니다.

응답이 더디다고 원망하지 말고 한번 기도하고 구한 것은 시간과 공간을 초월해 성령 안에서 이미 받았다고 믿고 감사함으로 아뢰십시오. 그리하면 모든 지각에 뛰어난 하나님의 평강이 당신의 마음과 생각을 지킬 것입니다. 인생을 살면서 평강이 가장 중요합니다. 평강을 잃으면 다 잃습니다. 조바심을 버리십시오.

전지전능하신 하나님을 믿으십시오. 그분은 살아 계십니다.

"아들아, 하루 만에 다 줄게."

탱글탱글한 피부와 몸매와 마인드를 가지라

당신은 햇볕이 내리쬐는 오전에 무엇을 합니까?

나는 만사를 제쳐 두고 카페에 가서 자기 계발을 합니다.

매일 아침에 멋지게 옷을 차려 입고 책을 한 권 들고 가까운 카페에 가서 책을 읽고 깨달음을 얻으며 혼자만의 시간을 가집니다.

남자도 그렇지만 특히 여자라면 자기 관리와 자기 계발에 더욱 힘써야 합니다. 그렇지 않으면 퇴보하거나 뒤쳐집니다. 나는 자신이 끊임없이 발전하기 때문에 또 다른 사람을 코치해 줍니다.

여자가 자기 관리를 하지 않으면 금방 늙습니다.

몸이 늙는다고 할 때는 주름이 생기고 생기가 없고 몸이 처지는 현상이 대표적입니다. 그렇다면 젊음이란 무엇일까요? 탱글탱글한 상태를 말합니다. 피부가 탱글탱글하고 몸매가 탱글탱글하며 정신 상태가 탱글탱글한 상태를 의미합니다. 이것은 나이와 상관없습니다. 나이가 들어도 적당히 긴장을 하고 자기 관리를 꾸준히 하면 내면과 외면 모두 젊음을 유지할 수 있습니다.

긴장과 스트레스가 무조건 나쁜 것은 아닙니다. 긍정적인 스트레스를 스스로 가지므로 자기 관리를 해야 합니다. 긴장을 늦추고 마음이 흐트러지면 그 순간 사람은 처지고 퍼집니다. 적절한 긴장과 스트레스는 삶을 더욱 생동감 있게 하는 활력소가 됩니다.

식사할 때 긴장하고 깨끗한 것만 골라 적당히 드십시오.

산책할 때 긴장하고 똑바른 자세로 일자 걸음을 걸으십시오.

아침마다 긴장하고 카페에 가서 책을 읽고 깨달음을 얻는 혼자만의 자기 계발 시간을 가지십시오. 나는 매일 그렇게 합니다.

그래서 나는 젊고 건강하고 영민하고 부요합니다.

아침마다 자기 계발을 하는 혼자만의 시간을 가지라

당신은 자기 계발을 꾸준히 하고 있습니까?

10년 전에 남편인 김열방 목사님이 아침마다 카페에 가서 혼자만의 시간을 가져야 한다고 강조할 때 생소하게 여겨졌습니다.

'눈뜨자마자 아이들 밥 챙기고 집안 청소에 빨래에⋯⋯.'

하지만 나도 그런 멋진 하루를 출발하고 싶다고 생각했습니다.

나는 결심했습니다. 만사를 제쳐 두고 자기 계발부터 하자고.

그래서 아이들을 등교시켜 놓고 모든 집안일을 다 미뤄 두고 외출 준비를 멋지게 하고 카페에 갔습니다. 책을 읽고 생각도 하며 향기로운 커피를 마시며 여유 있는 시간을 보냈습니다.

그런데 하루 이틀 며칠을 해도 별 변화를 느낄 수 없었습니다.

'이걸 꼭 해야 하나? 커피 값도 아깝고 내 삶에 특별한 변화도 없는 거 같아'라는 생각이 들었습니다. 아침마다 나오려니 집안의 여러 가지 할일들이 눈에 밟혔습니다. 내 마음이 갈피를 잡지 못해 고민도 많이 했습니다. 하다 말다 여러 번 포기도 했습니다.

'이렇게 혼자만의 시간을 가지지 않아도 지금까지 잘 살아왔는데. 나는 남들에 비해 책도 나름 많이 읽고 생각도 많이 하잖아.'

자기 계발의 필요성을 크게 느끼지 못했던 것입니다.

그러나 남편은 끈질기게 혼자만의 시간의 중요성을 강조했습니다. 처음에는 다시 시도하고 포기하고를 1년 정도 했습니다. 그러면서 점차 자리를 잡아갔습니다. 아침에 카페에 가서 혼자만의 시간을 갖는 것이 좋아지게 되었습니다.

그렇게 혼자 생각하고 책 읽는 것이 점점 습관이 되니 지금은 오전에 가지는 혼자만의 시간을 놓치면 왠지 하루가 그냥 지나간 것 같아 허전하기까지 합니다. 나는 자기 계발 시간을 통해 나 자신이 엄청 많이 성장했습니다. 생각이 커지고 시야가 넓어졌습니다. 수많은 소원들이 이루어졌습니다.

처음에는 보증금 300만 원에 30만 원의 월세를 내며 반 지하도 아닌 완전 지하에 살았습니다. 그런 내가 자기 계발 시간을 통해 얻은 깨달음을 실천하자 반 지하로 올라오고 또 지상으로 올라오고 3층으로 올라오고 나중엔 60평 주택을 사게 되었습니다. 지금은 60평 아파트를 사서 행복하게 살고 있습니다.

나는 혼자만의 자기 계발 시간을 통해 재정 관리에 대해서도 많은 깨달음을 얻었고 성령님의 음성도 더 잘 듣게 되었습니다.

자기 계발을 통해 남편과 아이들을 더 많이 이해하게 되었고 더 잘 도와줄 수 있게 되었습니다. 나에게 잠재되어 있는 수많은 가능성을 발견하고 활용하게 되었습니다. 더 많은 사람들을 이해하고 용납할 수 있는 포용력을 가지게 되었습니다.

　　결혼 전에는 날마다 혼자 책을 읽고 산책하고 많은 생각을 했습니다. 그렇게 계속 성장하는 생활을 하다가 결혼을 하고 아이를 낳아 키우다 보니 나의 시간은 어디에도 찾을 수 없게 되었습니다. 아이들이 태어나서 유치원에 갈 때까지 24시간이 늘 아이와 남편에게 내 모든 생각이 집중되어 있어야 하므로 혼자만의 여유를 갖는다는 것은 불가능하다고 생각되었습니다.

　　그렇게 몇 년이 흐르면서 나라는 존재는 없어진 것 같고 허무함이 커다랗게 밀려오기도 했습니다. 때로는 그런 상태가 당연한 것처럼 익숙해지기도 했습니다. 그러면 가족에게 집착하게 되고 서로 바라는 것이 많아져 심리적인 부담을 가지게 되었습니다.

　　혼자만의 시간을 갖고 생각하는 것은 굉장히 중요합니다.

　　하나님은 사람에게만 '생각'이라는 것을 주셨습니다.

　　김열방 목사님은 기도할 때도 막연히 잘 되길 바라지 말고 구체적으로 꿈과 소원 목록을 적고 구하라고 했습니다. "믿음은 바라는 것들의 실상인데, 그 바라는 것들이 무엇인지 구체적으로 공책에 120가지를 적어야 한다. 그러면 이루어진다"는 것입니다.

　　나는 '기도할 때 꼭 그렇게 구체적인 소원을 아뢰어야 하나?'라는 생각을 많이 했지만 가만히 내 인생을 돌아보니 혼자 걸으면서, 또는 혼자 침대에 누워 있을 때 수많은 생각을 하고 구체적으로 상상을 많이 했다는 것을 알게 되었습니다. 그것들이 하나씩 현실에 나타났던 것입니다. 지금 나는 공책에 다 적습니다.

물론 생각하기만 해도 엄청난 일들이 벌어집니다. 그러나 말은 더 놀라운 힘이 있습니다. 하나님께서 우리의 말에 권능을 주셨습니다. "너희 말이 내 귀에 들린 그대로 내가 행하겠다"고 하셨습니다. "무엇이든지 기도(하나님께 말하다)하고 구한 것은 받은 줄로 믿어라. 그러면 내가 시행하겠다"고 하셨습니다.

그러므로 말을 잘해야 합니다. 지옥의 말을 하면 지옥 같은 삶이 펼쳐지고 천국의 말을 하면 천국 같은 삶이 펼쳐집니다. 글로 쓰는 것은 최종 확정이 되므로 더 확실합니다. 그러므로 생각을 말로 하고 그것을 공책에 적고 그림으로 그리면 확정되므로 더 구체적으로 삶에 나타납니다. 꿈과 소원을 적고 그림을 그리십시오. 그러면 이루어집니다. 내일로 미루지 말고 오늘 실천하십시오.

"너희는 각 지파에 세 사람씩 선정하라. 내가 그들을 보내리니 그들은 일어나서 그 땅에 두루 다니며 그들의 기업에 따라 그 땅을 그려 가지고 내게로 돌아올 것이라."(수 18:4)

부정적인 사람은 차단하고 만나지 마라

당신은 어떤 사람을 대하기 어려워합니까?

나는 부정적인 말을 하는 사람을 대하기가 가장 힘듭니다.

그런 사람과 이야기를 하고 있자면 나 또한 부정적인 생각을 하게 되거나 기분이 가라앉고 우울해지기 때문입니다. 그런 사람은 너무 많은 에너지를 빼앗기 때문에 조금만 시간을 끌면 금방 내 몸과 마음이 피곤해집니다. 그래서 그런 사람과는 오래 있을 수 없어 좀 미안하더라도 무신경하게 듣거나 자리를 피하기도 합니다. 내가 그런 오물을 뒤집어 써야 할 이유가 없기 때문입니다.

간혹 가까운 가족이 부정적인 말을 하면 아예 대꾸를 하지 않거나 이왕이면 긍정적인 쪽으로 생각하자고 종용하기도 합니다.

그래도 바뀌지 않으면 어느 정도 시간을 두고 내버려둡니다.

부정적인 사람은 아예 상대하지 않으려고 노력합니다.

그래도 되냐고요? 물론입니다. 하나님은 부정적인 사람을 그냥 둔 것이 아니라 죽음으로 심판까지 하셨습니다. (민 13, 14장)

"그와 함께 올라갔던 사람들은 이르되 우리는 능히 올라가서 그 백성을 치지 못하리라 그들은 우리보다 강하니라 하고 이스라엘 자손 앞에서 그 정탐한 땅을 악평하여 이르되 우리가 두루 다니며 정탐한 땅은 그 거주민을 삼키는 땅이요 거기서 본 모든 백성은 신장이 장대한 자들이며 거기서 네피림 후손인 아낙 자손의 거인들을 보았나니 우리는 스스로 보기에도 메뚜기 같으니 그들이 보기에도 그와 같았을 것이니라. 온 회중이 소리를 높여 부르짖으며 백성이 밤새도록 통곡하였더라. 이스라엘 자손이 다 모세와 아론을 원망하며 온 회중이 그들에게 이르되 우리가 애굽 땅에서 죽었거나 이 광야에서 죽었으면 좋았을 것을 어찌하여 여호와가 우리를 그 땅으로 인도하여 칼에 쓰러지게 하려 하는가 우리 처자가 사로잡히리니 애굽으로 돌아가는 것이 낫지 아니하랴 이에 서로 말하되 우리가 한 지휘관을 세우고 애굽으로 돌아가자 하매……: 여호와께서 모세와 아론에게 말씀하여 이르시되 나를 원망하는 이 악한 회중에게 내가 어느 때까지 참으랴 이스라엘 자손이 나를 향하여 원망하는 바 그 원망하는 말을 내가 들었노라. 그들에게 이르기를 여호와의 말씀에 내 삶을 두고 맹세하노라. 너희 말이 내 귀에 들린 대로 내가 너희에게 행하리니 너희 시체가 이 광야에 엎드러질 것이라 너희 중에서 이십 세 이상으로서 계수된 자 곧 나를 원망한 자

전부가 여분네의 아들 갈렙과 눈의 아들 여호수아 외에는 내가 맹세하여 너희에게 살게 하리라 한 땅에 결단코 들어가지 못하리라."

부정적인 말은 자신과 듣는 상대 모두에게 상처를 입힙니다.
온 집안이 행복을 누리지 못하도록 방해하는 방해꾼과 같습니다. 인생은 한평생입니다. 한순간에 생각할 수 있는 것도 한 가지밖에 안 됩니다. 어떤 생각을 할 것인가를 매순간 선택해야 합니다. 부정적인 생각을 버리고 긍정적인 생각을 선택해야 합니다.
간혹 어떤 생각이 떠올라 정신없이 생각하다 부정적인 내용으로 흐르면 두려워 떨게 되고 순간 '내가 무슨 생각을 하고 있지?'라며 깜짝 놀라게 됩니다. 그 즉시 하던 생각을 떨치고 의도적으로 생각의 방향을 바꿔 긍정적이고 밝은 생각을 떠올리곤 합니다. 그러면 부정적인 생각이 사라지고 긍정적인 생각을 하게 됩니다.
이렇게 당신도 자신의 생각을 선택할 수 있습니다.
사람들은 생각이 흘러가는 대로 그냥 내버려 둡니다. 그러면 그 생각이 나를 어디론가 멀리 엉뚱한 곳으로 데려가기도 하고 나를 파괴시키기도 합니다. 행복한 생각이 나를 행복하게 만듭니다.
순간순간 긍정적이고 행복한 것을 선택해야 합니다.
당신의 지금 생각을 선택하십시오.

"대저 그 마음의 생각이 어떠하면 그 위인도 그러한즉."(잠 23:7)

예뻐지려면 염려하지 마라. 염려하면 얼굴이 일그러진다

당신은 염려한다고 하루 종일 머리 아프지 않습니까?

당신이 머리 굴리며 염려한다고 되는 일은 하나도 없습니다.

예수님께서도 "사람이 염려하므로 그 키를 한 자나 더할 수 없다. 머리털 하나라도 희게 할 수 없다. 그러므로 염려를 내려놓고 하나님께 맡겨라"고 하셨습니다. 염려는 우상숭배입니다.

당신이 문제를 염려하고 있다고 그 일이 더 빨리 해결되는 것이 아닙니다. 오히려 머리가 굳어져서 절망하게 됩니다. 염려를 내려놓고 '다 잘되고 있어'라며 긍정적으로 생각하고 말하면 오히려 머리가 유연해지고 문제를 해결할 수 있는 방법이 생깁니다.

대부분 시간이 지나면 그 일들이 저절로 해결됩니다.

나도 처음 집을 살 때 돈이 많이 부족해서 중도금과 잔금을 치를 때 염려함으로 피를 말리는 듯한 고통을 느꼈습니다. 남편은 전혀 걱정하지 않는 것처럼 보여 조금은 야속하기도 했습니다.

"왜 함께 염려해 주지 않는 거야? 나 혼자 짐을 다 지고 있네"라고 투덜거렸습니다. 남편은 "하나님이 이끌어 주셔서 이 집을 구입하게 하셨으니 하나님이 필요한 돈을 다 해결해 주실 거야"라고 했습니다. 맞는 말입니다. 하지만 내 마음에서 스멀스멀 올라오는 불안이 계속 부정적인 생각을 하게 만들었습니다.

결국 내가 틀렸고 남편이 옳았습니다. 시간이 지나면서 돈 문제는 다 해결되고 우리는 무난히 집을 소유하게 되었습니다. 내가 염려하던 모든 일은 하나도 일어나지 않았습니다. 하나님이 가장 멋진 방법으로 해결해 주셨습니다.

그런 일이 있은 후 어느 날 거울을 보는데 거울 속에 내가 아닌 다른 사람이 있는 것이었습니다. 한없이 밝았던 내 얼굴이 일그러져 있는 것이 아닌가요? 나는 큰 충격을 받았습니다. 그날부터 나는 염려하는 습관을 버리고 낙천적인 습관을 갖기로 했습니다.

내 생각을 다스려야겠다고 결심한 것입니다. 다시 긍정적인 생각과 믿음의 말을 하기 시작했습니다. 몇 개월을 그렇게 의도적으로 긍정적인 생각을 하려고 노력하니 일그러졌던 얼굴이 다시 밝아지기 시작했습니다. 당신도 예뻐지려면 염려를 버리십시오.

우리는 이 세상에 살면서 행복하게 살아야 할 의무가 있습니다. 예수님이 우리의 슬픔과 저주를 대신 다 짊어지셨기 때문입니다. 매순간 자신에게 주어져 있는 모든 것을 감사하며 행복해

해야 합니다. 그래야 값을 치러 주신 은혜에 보답하는 것입니다.

"아무 것도 염려하지 말고 다만 모든 일에 기도와 간구로, 너희 구할 것을 감사함으로 하나님께 아뢰라. 그리하면 모든 지각에 뛰어난 하나님의 평강이 그리스도 예수 안에서 너희 마음과 생각을 지키시리라."(빌 4:6~7)

집을 계약하고 내가 염려할 때마다 계속 주신 말씀입니다.
긍정적인 것, 행복한 것만 생각하면 행복이 더 커지고 더 좋은 일들이 많이 일어납니다. 이왕 하는 생각인데 순간마다 행복하고 긍정적인 생각을 선택하십시오.

염려하면 성령의 역사는 멈추고 한숨만 나온다

　당신은 습관적으로 한숨을 쉬지 않습니까?

　염려하면 성령의 역사는 멈추고 한숨이 저절로 나옵니다.

　어느 날 딸이 내 옆에서 한숨을 쉬는 것이었습니다.

　순간 난 너무나 놀라 "너 왜 한숨 쉬니? 그러지 마"라고 하니까 "엄마도 한숨 쉬잖아"라는 거였습니다. 나는 너무나 큰 충격을 받았습니다. 염려와 한숨은 전염성이 강합니다. 부모가 한숨을 많이 쉬면 자녀도 그 모습을 보며 자라기 때문에 불행한 삶이 이어집니다. 아이들 앞에서는 한숨 쉬거나 염려하는 모습을 절대로 보이면 안 됩니다. 염려 대신 받았다는 믿음으로 감사의 기도를 해야 합니다. 그럴 때 하나님의 기적이 나타납니다.

"아무 것도 염려하지 말고 다만 모든 일에 기도와 간구로 너희 구할 것을 감사함으로 하나님께 아뢰라. 그리하면 모든 지각에 뛰어난 하나님의 평강이 그리스도 예수 안에서 너희 마음과 생각을 지키시리라."(빌 4:6~7)

염려는 내가 하려는 교만입니다. 교만을 버리십시오.
교만은 패망의 선봉이요 넘어짐의 앞잡이입니다.
교만한 사람은 그 얼굴에 다 드러납니다. 얼굴이 굳어집니다.

"이스라엘의 교만은 그 얼굴에 드러났나니 그들이 이 모든 일을 당하여도 그들의 하나님 여호와께로 돌아오지 아니하며 구하지 아니하도다."(호 7:10)

염려하므로 교만해진 사람은 돌이켜 하나님을 바라보아야 합니다. 하나님께 구해야 합니다. 그리고 한번 구한 것은 받았다고 믿고 완전히 맡겨야 합니다. 그러면 기적이 일어납니다.

"나의 하나님이 그리스도 예수 안에서 영광 가운데 그 풍성한 대로 너희 모든 쓸 것을 채우시리라."(빌 4:19)

모든 것을 다 알려고 하면 머리가 터진다

부부간에 모든 것을 알아야 된다고 생각하지 않습니까?

나도 결혼하면 남편과 아내가 서로 모르는 것이 없이 투명하게 알아야 한다고 생각했습니다. 모든 것 곧 남편의 생각과 남편에게 일어나는 모든 일과 감정을 다 공유해야 한다고 생각했습니다. 그래서 결혼 초에는 참 많이 다투고 서로 이해하지 못해 힘들었습니다. 당신은 남편에 대해 어떤가요?

'왜 나를 이해하지 못하는 거지?'
'왜 그 일을 내게 말하지 않았지?'
'왜 내 기분을 알아차리지 못하는 거지?'

나는 정말 많은 것을 알아주길 바랐습니다. 그럴수록 내 마음은 더 공허하고 우울해졌습니다.

어떤 일에 대해 남편이 "그거 왜 안 해줘?"라고 뜬금없이 물으면 난 무엇 때문인지 몰라 당황해서 묻습니다. 그러면 자신의 생각을 몰라준다고 투덜대곤 했습니다. 나는 "당신이 말로 표현하지 않으면 알 수 없어요. 난 하나님처럼 전지하지 않거든요. 필요한 것이 있으면 말로 분명하게 표현해 주세요"라고 했습니다.

남자와 여자는 너무나 다릅니다. 남자는 대체로 표현에 서툽니다. 여자는 자신의 마음과 감정을 다 표현하며 무작정 알아주길 바랍니다. 그걸 모르면 서로 오해하고 그 오해가 또 다른 오해를 불러와 결국은 서로 이해하고 받아들이길 포기하게 됩니다. 10년 정도 지났을 때 나는 내 생각이 잘못되었다는 것을 깨달았습니다.

당신은 한꺼번에 몇 가지 일을 할 수 있습니까?

나는 한꺼번에 열 가지가 넘는 많은 일을 할 수 있습니다.

예를 들어 두 시간 안에 청소와 빨래와 밥하기, 아이 숙제 돕기를 마쳐야 한다면 먼저 머리로 지도를 그리듯이 일의 순서와 계획표를 짜고 그대로 행동하면 다 마칠 수 있습니다. 세탁기를 돌려놓고 밥을 하고 청소기를 돌리다가 아이가 도와 달라면 달려가 도와주는 식으로 한꺼번에 많은 일을 할 수 있습니다. 그러나 남편은 절대로 그렇게 못합니다. 한 번에 한 가지밖에 못합니다.

이렇게 부부는 완전히 다릅니다. 다른 성향, 다른 습관, 다른 관심, 다른 버릇 등을 갖고 있습니다. 그러므로 있는 그대로 서로 이해하고 믿고 도와주어야 합니다. 이 사실을 깨닫고 나니 내 마음이 평안해졌고 사랑의 강물이 넘치게 되었습니다.

"사랑은, 모든 것을 참으며 모든 것을 믿으며 모든 것을 바라며 모든 것을 견디느니라."(고전 13:7)

다른 사람이 정한 기준에 매이지 말고 행복하라

당신은 자신을 얼마나 존귀하게 여깁니까?

하나님이 창조하신 최고의 피조물이자 그리스도 안에서 구원받아 하나님의 자녀가 된 자신을 소중히 여기고 사랑하고 칭찬하는 것은 이 세상을 살아가는데 매우 중요합니다.

"누구든지 하나님을 사랑하노라 하고 그 형제를 미워하면 이는 거짓말하는 자니 보는 바 그 형제를 사랑하지 아니하는 자는 보지 못하는 바 하나님을 사랑할 수 없느니라."(요일 4:20)

형제 중에 가장 가까이 있는 형제는 바로 자기 자신입니다.

자기를 학대하고 미워하는 사람이 남을 사랑할 수 없습니다.

나는 나 자신을 향해 칭찬을 많이 합니다. 내 몸에게도 칭찬을 하고 마음과 영혼을 향해서도 칭찬의 말을 합니다. 때로는 실수하거나 힘든 일이 생기면 나 스스로에게 위로의 말을 건네기도 합니다. 이 세상에서 나를 가장 잘 이해하고 사랑할 수 있는 존재는 하나님 다음으로 나 자신이기 때문입니다. 주변 사람이나 가족에게 위로받기를 의존하면 그들의 눈치를 자꾸 보게 됩니다.

자기 자신에게 조금 더 관대해져야 합니다.

많은 경우 자기 스스로 세운 기준이 너무 높거나 자신의 존재 가치를 너무 낮게 평가합니다. 그래서 자신을 지나치게 몰아세우는 경우가 많습니다. 자신에게 관용을 베풀고 자신을 있는 그대로 받아들이는 것이 필요합니다.

강박관념은 내가 되고자 하는 모습과 누군가에게 그러한 사람으로 보이고자 하는 모습에 나를 억지로 끼워 맞추려는 생각과 행위가 반복되며 생기는 것입니다.

사람은 다른 사람을 사랑하든지 사랑하지 않든지 상관없이 그들과 함께 살아갑니다. 그러면서 상대에게 나를 맞추려 하다 보면 내 본연의 자아를 누르고 상대가 좋아하겠거니 라고 생각하는 모습으로 나를 억지로 만들어 가게 됩니다. 이때 많은 스트레스를 받습니다. 내가 원하는 대로 되지 않았다고 느낄 때는 불안해지기도 합니다. 심해지면 여러 가지 정신 장애로 나타납니다.

나 자신을 있는 그대로 인정하는 것은 굉장히 중요합니다.

'남이 나를 어떻게 볼까? 어떻게 생각할까?'

그런 생각을 다 내려놓으십시오.

'나는 나야, 남들이 어떻게 보던 그게 무슨 상관이야?'라고 생각하는 것이 정신 건강에 좋습니다. 남들 관점에서 완벽한 모습으로 보이고자 하는 생각을 내려놓아야 합니다. 그들이 볼 때 좀 부족하거나 못나면 어떤가요? 주위 사람들에게 들은 몇 마디 말로 자신에 대한 엄격한 기준을 만들면 그때부터 불행해집니다. 그렇게 남의 기준을 따라 만든 틀 속에 자기를 집어넣지 말아야 합니다. 나도 예전에 남의 말로 기준을 정한 적이 있었습니다.

"목회자 사모는 이래야 돼."
"예쁜 옷을 입으면 안 돼."
"밝게 웃으면 안 돼. 점잖아야 돼."

하나님의 기준이 아닌 사람들의 기준이었습니다. 성경에는 항상 기뻐하라, 마음껏 웃으라, 행복해도 된다고 했습니다.

"주께서 내 마음에 두신 기쁨은 그들의 곡식과 새 포도주가 풍성할 때보다 더하니이다."(시 4:7)

찬양할 때도 마음껏 춤추며 찬양하라고 했습니다.

"여호와의 언약궤가 다윗 성으로 들어올 때에 사울의 딸 미갈이 창으로 내다보다가 다윗 왕이 춤추며 뛰노는 것을 보고 그 마음에 업신여겼더라."(대상 15:29)

다윗은 사람에게 보이기 위해 춤춘 것이 아니었습니다.

사람들이 뭐라든 하나님 앞에서 뛰놀고 행복을 표현했습니다.

남들에게 보이는 행복을 추구하면 진정으로 행복해질 수 없습니다. 객관적인 기준의 행복은 오래 머물지 않고 머나먼 무지개를 좇듯이 계속 달려가야 합니다. 반면 주관적인 행복에는 만족이 있습니다. 남이 뭐라 하든지 내가 만족하고 행복하다면 항상 행복할 수 있습니다. 불행은 상대적이고 행복은 절대적입니다.

사람들이 눈을 비비며 찾는 네 잎 클로버는 '행운'을 상징하지만 세 잎 클로버는 '행복'을 상징합니다. 행운을 좇지 말고 행복을 누리며 살아야 합니다. 그러면 가끔 행운도 따라옵니다.

당신 주위에 행복을 상징하는 세 잎 클로버가 많습니다.

일상에서 행복을 발견하고 그 행복에 푹 젖어 드십시오.

현실에 안주하지 말고 더 큰 꿈을 가지라

당신이 자신에 대해 바라는 모습은 어떤 것입니까?

사람은 자신이 바라는 대로 인생이 결정지어집니다.

바라는 것은 보는 것과 생각하는 것과 원하는 것들의 복합체입니다. "하나님과 애인만 바라보며 살면 되지 않나요? 바라는 것들이 왜 필요한가요?"라고 하며 아무런 꿈과 소원이 없이 사는 사람이 많습니다. 야곱이 그랬습니다. 그는 외삼촌 라반의 집에서 죽어라 땀 흘리며 일했지만 바라는 것들이 없었습니다.

"나는 하나님만 바라고 애인 라헬만 있으면 돼."

그러다 하나님이 모든 일을 멈추고 고향으로 돌아가라고 하셨을 때 자신이 빈손인 것을 알고 큰 충격을 받았습니다.

"내가 오기 전에는 외삼촌의 소유가 적더니 번성하여 떼를 이루었으니 내 발이 이르는 곳마다 여호와께서 외삼촌에게 복을 주셨나이다. 그러나 나는 언제나 내 집을 세우리이까?"(창 30:30)

하나님이 야곱에게 복을 안 주신 것이 아니었습니다. 그에게 준 복이 모두 라반에게 흘러 들어갔던 것입니다. 꿈과 소원이 없으면 하나님이 복을 주셔도 귀하게 여기지 않고 다 흘려보냅니다.

당신에게는 지금 어떤 꿈과 소원 목록이 있습니까? 꿈이 없는 백성은 방자히 행하고 꿈이 없는 인생은 죽은 인생입니다.

"하나님만 바라보며 살면 되지 않나요? 아내와 자식들만 봐도 행복해요. 잠자리와 일자리가 있다는 것만으로도 만족해요."

잘하고 있습니다. 그러나 더 큰 꿈을 가져야 합니다.

하나님은 당신이 꼬리의 삶에서 만족하기를 원치 않으십니다. 머리가 되기를 원하십니다. 아래에 있지 않고 위에만 있기를 원하십니다. 꾸러 다니지 않고 민족들에게 꾸어 주길 원하십니다.

"여호와께서 너를 머리가 되고 꼬리가 되지 않게 하시며 위에만 있고 아래에 있지 않게 하시리니 오직 너는 내가 오늘 네게 명령하는 네 하나님 여호와의 명령을 듣고 지켜 행하며."(신 28:13)

사람들이 믿음에 대해 많은 오해를 하고 있습니다.
믿음은 '바라는 분'이 아닌 '바라는 것들'의 실상입니다.
모든 갈급한 영혼이 바라는 분인 하나님은 당신이 예수를 구주로 믿는 순간 당신 안에 한강처럼 가득히 들어와 계십니다. 믿지 않는 사람은 목이 말라 견딜 수 없지만 믿는 사람은 성령이 생수의 강처럼 넘치게 들어와 계시므로 결코 목마르지 않습니다.

당신의 몸은 하나님의 성전이 되었고 당신 안에 성령님이 한강처럼 넘치게 들어와 계십니다. 당신 안에 가득히 계신 성령님을 바깥에서 찾으면 율법주의 행위에 빠지게 되고 불행해집니다.

예수를 구주로 믿는 사람에게 있어 믿음은 무엇일까요?

"믿음은 바라는 것들의 실상이요
보이지 않는 것들의 증거니."(히 11:1)

믿음은 바라는 것들의 실상입니다. 바라는 것들은 '소망'이고 그것의 실상이 곧 믿음입니다. 믿음은 바라는 것들이 아닙니다. 믿음은 바라는 것들의 실상입니다. 다시 말해 "나는 내가 원하는 것들을 이미 가졌다"고 믿는 것이 실상입니다.

믿음 곧 '바라는 것들의 실상'을 위해 두 가지가 필요합니다.

첫째, 바라는 것들이 있어야 합니다.
둘째, 바라는 것들의 실상을 붙들어야 합니다.

바라는 것들이 곧 꿈과 소원 목록입니다. '바라는 것'이 아닌 '바라는 것들'입니다. 단수가 아닌 복수입니다. 이는 꿈과 소원 목록을 한 가지만 아니라 많이 가지라는 것입니다. 꿈과 소원 목록을 최소한 120가지는 적으세요.

되고 싶은 모습 열 가지
하고 싶은 일 열 가지
가고 싶은 나라 열 곳
먹고 싶은 음식, 열 가지
타고 싶은 차 열 대
살고 싶은 집 열 채
벌고 싶은 돈의 액수 열 가지

이런 식으로 구체적으로 적어야 합니다. 나는 그렇게 적었고, 적은 그대로 다 이루어졌습니다. 그렇다고 현실에 대해 불만과 불평을 터트리라는 말은 아닙니다. 현실의 삶에도 감사하되 더 큰 꿈과 소원을 가지라는 말입니다.

현실에 안주하지 말고 앞으로 나아가십시오. 원망하지 말고 감사함으로 꿈과 소원을 하나님께 아뢰어야 합니다. 한 번 아뢰었으면 받았다고 믿고 조금도 의심하지 마십시오. 그리고 그 내용을 꿈과 소원 목록에 적으십시오. 그러면 다 이루어집니다.

"아무 것도 염려하지 말고 다만 모든 일에 기도와 간구로, 너희 구할 것을 감사함으로 하나님께 아뢰라."(빌 4:6)

"무엇이든지 기도하고 구하는 것은 받은 줄로 믿으라. 그리하면

너희에게 그대로 되리라."(막 11:24)

하나님께 받은 것은 작은 것이라도 소중히 여겨라

당신은 하나님께 받은 것을 소중히 여깁니까?

하나님이 주셨다면 지극히 작은 것이라도 소중히 여기고 잘 관리해야 하나님이 더 좋은 것으로 더 많이 주십니다. 그렇게 하나님이 주신 것을 꼭 붙들고 소중하게 여기며 잘 관리하기 때문에 하나님이 날이 갈수록 더 많이 주시는 것입니다. 하나님은 있는 자에게 더 주십니다. 왜일까요? 잘 관리하기 때문입니다.

"곁에 섰는 자들에게 이르되 그 한 므나를 빼앗아 열 므나 있는 자에게 주라 하니 그들이 이르되 주여 그에게 이미 열 므나가 있나이다. 주인이 이르되 내가 너희에게 말하노니 무릇 있는 자는 받겠고 없는 자는 그 있는 것도 빼앗기리라."(눅 19:24~26)

하나님이 주신 것을 하찮게 여기지 마십시오.

'이건 별 거 아냐? 또 잃어도 또 사면 돼.'

잃었을 때 다시 사면 되지만 잃기 전에 그런 마음을 가지면 안 됩니다. 당신에게 주어진 것들을 소중히 여겨야 합니다.

나는 그것이 무엇이든 남이 가진 것이 아니라 내가 가지고 있는 것을 가장 소중하게 여깁니다. 왜일까요? 하나님이 내게 주신 것이기 때문입니다. 나는 하나님을 소중히 여기듯 하나님이 주신 선물도 소중히 여깁니다. 당신도 그런 마음을 가져야 합니다.

'선물 주시는 자가 중요하지 선물은 중요하지 않아.'

아닙니다. 둘 다 중요합니다.

믿음이 좋다는 많은 사람들이 선물 주시는 분에게만 마음을 두고 선물에는 마음을 두면 안 된다고 오해하고 있습니다. 선물 주시는 분이 소중하다면 그분이 주신 선물도 소중한 것입니다. 그분이 주신 선물을 소홀히 여기고 짓밟고 버리고 잃는다면 그분에게 그렇게 한 것과 같습니다. 그 사람의 소유물은 그 사람을 대표하기 때문입니다. 그분의 소유물도 소중히 여겨야 합니다.

'하나님만 계시면 돼. 다른 것은 다 필요 없어.'

제발 그렇게 생각하지 마십시오. 이렇게 생각하십시오.

'나는 하나님을 경외하고 사랑해. 그러니 그분이 주신 모든 것도 내겐 아주 소중해. 나는 모든 것을 귀하게 여기고 잘 관리할 거야.'

그러면 하나님이 당신에게 백배로 주십니다.

하나님이 우리에게 주신 것 중 가장 소중한 것은 몸입니다.

내가 먹는 음식이 내 몸을 형성합니다. 어떤 음식을 먹느냐에 따라 몸이 건강할 수도 있고 약해질 수도 있습니다. '아무거나 먹으면 돼'라며 감칠맛 나고 입에 끌리는 대로만 먹으면 안 됩니다.

사람의 몸에 가장 적합한 것은 땅에서 자란 자연 그대로의 것들입니다. 씨를 뿌리는 자는 농부지만 씨앗을 주신 분도 그것을 자라게 하신 분도 하나님이십니다. 하나님이 주신 신선한 곡물과 채소와 과일 위주의 식생활을 해야 합니다. 하나님이 먹지 말라고 한 더러운 것들과 사람이 인위적으로 만든 화학 첨가물을 넣은 것을 계속 먹으면 그것이 몸속에 쌓여 결국 각종 질병으로 나타나게 됩니다. 그때는 치료하기 힘들어집니다.

이 땅에 살 동안 유일하게 주어진 것이 우리의 몸입니다. 그 무엇보다 우리의 몸을 소중하게 여기고 잘 관리해야 합니다. 그래야 건강하고 행복하게 장수하다가 천국에 갈 수 있습니다.

깨끗한 음식으로 깨끗한 몸을 만드십시오.

"너희 몸은 너희가 하나님께로부터 받은 바 너희 가운데 계신 성령의 전인 줄을 알지 못하느냐? 너희는 너희 자신의 것이 아니라."
(고린 6:19)

하나님께 받은 것을 최대한 누려라

당신은 하나님이 주신 것을 잘 누리고 있습니까?

누리지 못하면 원망하게 됩니다. 집을 나갔던 둘째 아들은 집에 있을 때나 나갔을 때나 자신에게 주어진 것을 최대한 누렸습니다. 다시 집으로 돌아왔을 때도 아버지가 준 것을 다 누렸습니다.

"이에 일어나서 아버지께로 돌아가니라. 아버지는 종들에게 이르되 제일 좋은 옷을 내어다가 입히고 손에 가락지를 끼우고 발에 신을 신기라. 그리고 살진 송아지를 끌어다가 잡으라. 우리가 먹고 즐기자. 이 내 아들은 죽었다가 다시 살아났으며 내가 잃었다가 다시 얻었노라 하니 그들이 즐거워하더라."(눅 15:20, 22~24)

그러나 하나도 누리지 않았던 첫째 아들은 원망만 했습니다.

"맏아들은 밭에 있다가 돌아와 집에 가까이 왔을 때에 풍악과 춤추는 소리를 듣고 한 종을 불러 이 무슨 일인가 물은대 대답하되 당신의 동생이 돌아왔으매 당신의 아버지가 건강한 그를 다시 맞아들이게 됨으로 인하여 살진 송아지를 잡았나이다 하니 그가 노하여 들어가고자 하지 아니하거늘 아버지가 나와서 권한대 아버지께 대답하여 이르되 내가 여러 해 아버지를 섬겨 명을 어김이 없거늘 내게는 염소 새끼라도 주어 나와 내 벗으로 즐기게 하신 일이 없더니 아버지의 살림을 창녀들과 함께 삼켜 버린 이 아들이 돌아오매 이를 위하여 살진 송아지를 잡으셨나이다."(눅 15:25~30)

당신은 종이 아닌 아들입니다. 아들이면 누리고 살아야 합니다. 첫째 아들은 1) 자기 기준을 따라 노예처럼 힘들게 살았고 2) 좋은 아버지에 대해 원망했고 3) 동생에 대해 오해했습니다.
첫째 아들이 뭐라고 말했습니까?

"나는 땀 흘리며 밭에서 열심히 일했다."
"여러 해 아버지를 섬겨 명을 어기지 않았다."
"내가 생각하기에 동생이 재산을 창녀들과 함께 삼켰다."
"나를 위해서는 아버지가 염소 새끼 한 마리도 잡아 주지 않았다."

좋은 아버지는 아들의 오해를 풀어 주었습니다.

"아버지가 이르되 얘 너는 항상 나와 함께 있으니 내 것이 다 네 것이로되 이 네 동생은 죽었다가 살아났으며 내가 잃었다가 얻었기로 우리가 즐거워하고 기뻐하는 것이 마땅하다."(눅 15:25~32)

어릴 때 우리 집은 사과 과수원이었습니다. 사과나무뿐만 아니라 각종 과일나무들이 심겨 있었습니다. 3월이 되면 꽃이 피고 봄부터 열매를 따먹을 수 있었습니다. 철마다 자두부터 시작해 복숭아, 사과, 배, 감, 호두까지 다양한 과일을 먹을 수 있었습니다.

나는 아침에 학교 가기 전에 일찍 일어나 과수원을 한 바퀴 돌며 가장 먹음직스럽고 탐스럽게 보이는 과일을 하나씩 따먹곤 했습니다. 추수 때 과일 포장하는 걸 돕곤 했는데 그때 가장 예쁜 것들은 나를 위해 따로 챙겨 나만의 곳간에 넣어 두고 먹곤 했습니다. 세상에서 나를 위해 누리는 최고의 호사였습니다.

난 충분히 즐겼으며 만족스러워 했던 것 같습니다.

커 가면서도 나는 늘 내게 주어진 모든 것을 최대한 누렸습니다. 많은 사람들이 자기 환경에 주어진 것을 소중하게 여기기보다는 자기에게 없는 것에 초점을 맞추고 원망하며 삽니다. 그들은 결코 자신에 대해 긍정적이지 않습니다. 자신의 환경을 투덜대기도 하고 늘 다른 사람을 부러워합니다. 만족이 없습니다.

진정한 만족과 행복이란 자신에게서부터 출발하는 것이 아닐까요? 내가 누리고 있는 것들, 나에게 주어져 있는 것들을 가장 소중히 여기고 누리는 것이 만족과 행복의 시작인 것입니다.

난 어릴 때 남자 같다는 말을 가끔 듣기도 하고 차분하지 못하다는 말을 듣기도 했으며 어리숙하다는 말을 많이 들었습니다.

청소년기에는 내 마음에 안 드는 내 모습이 참 많았던 것 같습니다. 그런 결점을 만회하기 위해 노력했습니다. 내가 변하고 싶었습니다. 좀 더 멋지고 좀 더 예쁘고 좀 더 지혜로워지기 위해 나 자신을 관리하고 가꾸고 책을 읽었습니다. 사람은 자신이 깨닫는 만큼 성장합니다. 그러다 스무 살에 예수님을 만났습니다.

예수님을 만나고 내 인생이 완전히 바뀌었습니다. 나는 더 이상 집에서만 죽어라 일만 했던 첫째 아들처럼 살지 않기로 했습니다. 내가 하늘나라에서 내려온 공주임을 깨달았기 때문입니다. 집에 돌아온 둘째 아들처럼 좋은 아버지가 챙겨 주시는 모든 좋은 것을 최대한 누리며 행복하게 살기로 했습니다. 어떤 것일까요?

한두 가지가 아닌 자그마치 일곱 가지입니다.

좋은 옷. "제일 좋은 옷을 내어다가 입히고."
좋은 가락지. "손에 가락지를 끼우고."
좋은 신발. "신을 신기라."
좋은 음식. "살진 송아지를 끌어다가 잡으라."
좋은 마음. "우리가 먹고 즐기자."
좋은 관계. "이 내 아들은 죽었다가 다시 살아났으며 내가 잃었다가 다시 얻었노라 하니."
좋은 축하. "그들이 즐거워하더라."(눅 15:22~24)

당신도 이 모든 것을 마음껏 누리며 사십시오.

하나님은 좋은 인연을 통해 지경을 넓히신다

당신은 좋은 인연의 복을 받은 적이 있습니까?

좋은 인연은 삶을 나누고 서로에게 기쁨을 안겨 줍니다.

이 글을 읽는 이마다 나와 좋은 인연이 되길 바랍니다. 그래서 이 책이 당신의 마음을 부자로 만들고 생활의 여유가 더 생기게 하길 바랍니다. 예수 그리스도를 믿음으로 구원을 얻고 하나님을 바라고 섬기므로 복을 받아 기쁨을 나누었으면 합니다.

나는 성령님과의 좋은 인연을 맺었습니다.

성령님! 생각만 해도 가슴이 떨립니다.

성령님은 나를 한없이 사랑하시는 분입니다.

"너희는 하나님이 우리 속에 거하게 하신 성령이 시기하기까지 사모한다 하신 말씀을 헛된 줄로 생각하느냐?"(약 4:5)

성령님은 내 인생을 바꾸셨습니다.

첫째, 성령님은 나를 구원하셨고 내게 지혜와 능력을 주셨습니다.
둘째, 성령님은 나로 하여금 이렇게 책을 쓰게 하셨습니다.

정말 놀라운 일입니다. 내 인생에 큰 기적이 일어난 것입니다.
어떻게 표현해야 할지, 어떻게 전달해야 할지 모르지만 나는 이렇게 성령님을 의지하여 한 줄씩 책을 쓰고 있습니다.
성령의 나타남과 능력으로 복음을 전한다는 바울의 고백처럼 이 책이 단순한 인간의 지혜가 아닌 성령의 나타남과 능력이 넘쳐나길 바랍니다. 당신도 성령님을 의지해서 책을 쓰십시오.

"내 말과 내 전도함이 지혜의 권하는 말로 하지 아니하고 다만 성령의 나타남과 능력으로 하여 너희 믿음이 사람의 지혜에 있지 아니하고 다만 하나님의 능력에 있게 하려 하였노라."(고전 2:4~5)

하나님을 믿기만 해도 인생이 바뀐다

당신은 진정으로 행복하십니까?

나는 정말 행복합니다. 왜 내가 행복할까요? 하나님을 믿기 때문입니다. 나는 하나님을 믿고 그분의 자녀가 되었습니다. 나는 그리스도 안에서 의인이 되었고 성령 충만합니다. 하늘나라 시민권을 가졌고 영원한 생명을 얻었습니다. 성령으로 말미암아 하나님의 나라가 내 안에 임했습니다. 당신 안에도 임했습니다.

천국같이 살다가 천국으로 갑시다.

"예수께서 대답하여 이르시되 하나님의 나라는 볼 수 있게 임하는 것이 아니요 또 여기 있다 저기 있다고도 못하리니 하나님의 나라는 너희 안에 있느니라."(눅 17:20~21)

하나님 나라의 속성은 무엇일까요? 의와 평강과 희락입니다.

"하나님의 나라는 먹는 것과 마시는 것이 아니요 오직 성령 안에 있는 의와 평강과 희락이라."(롬 14:17)

당신의 인생이 나처럼 행복해지려면 어떻게 해야 할까요?

하나님을 믿어야 합니다. 당신이 하나님을 믿기만 하면 하나님이 당신에게 하나님의 자녀의 권세를 주시고 천국의 모든 풍성한 복을 누리며 행복하고 멋진 삶을 살게 하십니다.

"영접하는 자 곧 그 이름을 믿는 자들에게는 하나님의 자녀가 되는 권세를 주셨으니 이는 혈통으로나 육정으로나 사람의 뜻으로 나지 아니하고 오직 하나님께로서 난 자들이니라."(요 1:12~13)

세상에서 가장 중대하고 긴급한 것은 예수를 구주로 믿고 성령으로 거듭나 하나님의 자녀가 되는 것입니다. 내일로 미루지 말고 오늘 실천하십시오. 사람이 마음으로 믿어 의에 이르고 입으로 시인하여 구원에 이릅니다. 지금 당장 중얼거리며 이렇게 기도하십시오.

"하나님, 저는 구원 받고 싶습니다. 죄가 없는 하나님의 아들 예수님이 내 죄를 대신 짊어지고 십자가에서 피와 땀과 눈물을 쏟으며 값을 다 지불하고 죽으시고 사흘 만에 부활하신 것을 믿습니다. 저의 죄를 사해 주시고 구원해 주시니 감사합니다. 저는 이제 하나님의 자녀가 되었고 영생을 얻었습니다. 천국 시민권을 가졌습니다. 제 안에 성령님이 강물처럼 가득히 들어와 계신 것을 믿습니다. 저를 인도해 주세요. 예수님의 이름으로 기도합니다. 아멘."

축하합니다. 당신은 지금 즉시 구원을 받았습니다.

"진실로 진실로 너희에게 이르노니 믿는 자는 영생을 가졌나니."(요 6:47)

이제부터 혈통과 육정과 사람의 뜻을 따라 살지 말고 성령을 따라 살기 바랍니다. 성령님과 인격적인 교제를 나누며 어떤 일이 있을 때마다 그분께 도움을 구하십시오.

자존감을 하나님께 두면 삶이 안정된다

당신은 지금 무얼 생각하며 어디에 마음을 두고 있습니까?

당신의 인생은 어느 방향으로 향하고 있습니까? 남이 시킨 일만 하며 하루 종일 분주함 속에 빠져 있지 않습니까? 마음 둘 곳을 찾지 못해 둥둥 뜬 상태로 방황하고 있지 않습니까? 외로움과 고독을 느끼며 살아갈 의욕을 상실하지 않았습니까?

이런 문제가 생겼을 때 당신은 어디에 자존감을 둡니까?

가족이 자기한테 무관심하다는 생각이 들 때

학교에서 친구들이 차별대우하며 왕따시킬 때

몸과 마음이 지치고 육신이 아파 고통스러울 때

열심히 살아왔다고 자부하지만 공허함과 허탈함이 찾아올 때

갑자기 갱년기가 찾아와 손 놓고 멍하니 시간만 보낼 때

자식도 다 키웠고 아무것도 하기 싫고 만사가 귀찮을 때

군중 속에서도 고독하고 세상에 혼자라고 느껴질 때

어디로 가야 할지 몰라 방황할 때

제일 가까이 있는 가족, 친구, 이웃 등에 대해 배신감이 들고 마음에 상처를 받고 때로는 미움이 일어나 그들이 원망스러울 때

정말 누구 하나 마음 나눌 사람이 없을 때

자녀를 올바로 키우고 싶은데 내 마음대로 안 될 때 등

한 번의 생각 전환으로 인생이 바뀐다면, 하나님을 믿으므로 평생이 달라진다면 당신은 어떻게 하겠습니까? 지금이 바로 그때입니다. 마음 문을 활짝 열고 하나님을 믿으십시오.

성경에는 하나님을 믿기만 해도 그분의 가족인 '하나님의 자녀'로 살 수 있다고 했습니다. 하나님의 자녀가 된다는 것은 당신의 죄가 예수 이름으로 사함을 받았다는 말입니다. 변화된 당신의 모습을 상상해 보십시오. 생각만 해도 얼마나 행복한 일입니까?

나는 세상의 많은 사람들 중에 티도 안 나는 아주 작은 연약한 존재입니다. 하나님을 몰랐다면 내 몸에는 죄가 쌓이고 쌓여 내 겉모양도 어떻게 비칠지 상상도 하기 싫을 정도입니다.

하지만 하나님을 믿어 하나님의 자녀 됨을 감사하고 하나님의 자녀로서 하나님의 사랑 울타리 안에서 오늘도 큰 꿈을 꿉니다.

내가 갈망하는 것에 대해 길잡이가 되시고, 소원하는 것에 그대로 멈춰 있지 않게 날 이끌어 주신 하나님께 매번 감사하면서

살고 있습니다. 그리고 나의 꿈도 시간과 공간을 초월해 성령 안에서 이미 다 이루어졌다고 믿고 '믿음의 기도'를 합니다.

그래서 나는 행복합니다.

"그러므로 내가 너희에게 말하노니 무엇이든지 기도하고 구하는 것은 받은 줄로 믿으라. 그리하면 너희에게 그대로 되리라."(막 11:24)

나는 내 힘이 아닌 성령의 나타남으로 산다

당신은 당신의 힘으로 살아가려고 몸부림치지 않습니까?

인생은 자기 힘으로 성공할 수 없습니다. 성령의 나타남이 있어야 합니다. 성령의 나타남은 곧 각양 좋은 은사를 말합니다.

하나님은 당신이 예수를 구주로 믿기만 해도 성령의 은사를 주십니다. 성령의 은사는 기본적으로 아홉 가지입니다.

"그러므로 내가 너희에게 알리노니 하나님의 영으로 말하는 자는 누구든지 예수를 저주할 자라 하지 아니하고 또 성령으로 아니하고는 누구든지 예수를 주시라 할 수 없느니라. 은사는 여러 가지나 성령은 같고 직분은 여러 가지나 주는 같으며 또 사역은 여러 가지나 모든 것을 모든 사람 가운데서 이루시는 하나님은 같으니 각 사람에게 성령을 나타내심은 유익하게 하려 하심이라. 어떤 사람에게는 성령으로 말미암아 지혜의 말씀을, 어떤 사람에게는 같은 성령을 따라 지식의 말씀을, 다른 사람에게는 같은 성령으로 믿음을, 어떤 사람에게는 한 성령으로 병 고치는 은사를, 어떤 사람에게는 능력 행함을, 어떤 사람에게는 예언함을, 어떤 사람에게는 영들 분별함을, 다른 사람에게는 각종 방언 말함을, 어떤 사람에게는 방언들 통역함을 주시나니 이 모든 일은 같은 한 성령이 행하사 그의 뜻대로 각 사람에게 나누어 주시는 것이니라."(고전 12:2~11)

비가 오는 날이면 잊을 수가 없는 일이 있습니다. 우산을 써도 옷을 흠뻑 젖을 정도로 많은 장대비가 쏟아졌는데도 그 빗소리가 음악 소리 같이 느껴진 날입니다. 비가 와야 논밭에 곡식과 열매가 익습니다. 하나님의 은혜도 소나기처럼 우리에게 쏟아집니다.
우리 모두는 소나기 같은 성령의 나타남을 사모해야 합니다.

"여호와께서 너희의 땅에 이른 비, 늦은 비를 적당한 때에 내리시리니 너희가 곡식과 포도주와 기름을 얻을 것이요."(신 11:14)

방언을 받고 내 온 몸이 불을 켠 것처럼 환해졌다

당신은 방언을 받은 적이 있습니까?

내가 고등학교 시절, 여느 학생들처럼 신앙에 열심을 품을 때였습니다. 새벽기도회에 가기 전에 간절히 사모한 것이 있었습니다. 방언을 받아야 되겠다고 생각하고 간구했던 것입니다.

교회 다니면 기본으로 받는 줄 알고 기도했던 것 같습니다. 주위에는 은사 받는 이들이 많았습니다. 그래서 나도 꼭 받아야 된다고 생각했습니다. 그때는 그것이 어떤 의미인지, 무엇인지도 모르면서 정말 사모했고 무척 많이 원했습니다.

"구하라 그리하면 너희에게 주실 것이요 찾으라 그리하면 찾아낼 것이요 문을 두드리라 그리하면 너희에게 열릴 것이니."(마 7:7)

이 말씀을 붙들며 간구했던 기억이 납니다.

당신도 방언을 달라고 노골적으로 구하십시오. 무엇이든지 원하는 것이 있으면 거침없이 구해야 합니다. 그러면 받습니다.

그때 강한 뜨거움이 일더니 성령으로 혀가 말리며 방언의 은사가 나타나게 되었습니다. 얼마나 기뻤는지 모릅니다. 내 온 몸이 환해짐을 느꼈습니다. 세상이 주는 것과는 다른, 내 속이 어두운데 전등을 켰을 때 밝아지는 것 같이 환하고 벅찬 기쁨을 느꼈습니다. 집에 있는 작은 불빛이 아닌 호텔에 켜 있는 환한 불빛 같은 느낌이었습니다. 나는 그때 '하나님이 주시는 기쁨은 이제까지 내 몸에 익숙해 있던 것과는 엄청 느낌이 다른 큰 기쁨이다'라는 것을 처음 알았습니다. 방언도 선물로 받고 하나님이 주신 기쁨도 느꼈습니다. 두 가지를 함께 얻은 셈입니다.

하나님이 주신 것은 색다른 경험이고 또 다른 만족입니다.

당신도 한번 느껴 보십시오. 차원이 다릅니다. 아마 천국에 가면 그곳에도 내가 알지 못하고 경험하지 못한 무수한 좋은 것들이 있지 않을까 추측해 봅니다. 나는 그 모든 것을 사모합니다.

성령의 은사는 여러 가지가 있습니다. 그 중에 하나 방언의 은사를 받은 것은 이루 말할 수 없는 기쁨이었습니다. 여러 은사들 중에 방언의 은사가 아닌 다른 어떤 하나의 은사를 받아도 그 기쁨은 헤아릴 수 없었을 것입니다.

고린도전서에는 교회 공동체를 위해 성령님께서 우리를 위해 지혜의 말씀의 은사, 지식의 말씀의 은사, 믿음의 은사, 치유의 은사, 능력 행함의 은사, 예언의 은사, 영분별의 은사, 방언의 은사, 방언 통역의 은사를 베푸신다고 하셨습니다.

하나님은 하늘에 속한 모든 신령한 복을 우리에게 주시겠다고 약속하셨습니다. 그래서 나는 지금 하나님의 것 곧 하늘에 속한 것들과 또 다른 은사들을 모두 사모하고 있습니다.

"너희는 더욱 큰 은사를 사모하라."(고전 12:31)

하나님은 당신을 엄청 귀하게 여기신다

'내 인생이 저주 받아 망하면 어떻게 하지?'

가끔 그런 생각이 들지 않습니까? 절대로 그렇지 않습니다.

하나님을 믿기만 해도 하나님은 당신을 귀하게 여기십니다. 하나님이 귀하게 여기는 사람은 절대로 저주 받고 망하지 않습니다.

당신은 가출한 탕자의 비유를 아십니까? 집 나간 아들이 빈털터리가 되어 배고파 돼지우리 속의 먹이를 찾았습니다. 그런 탕자가 집에 돌아오자 아버지는 반갑게 맞아 주고 좋은 옷을 입히고 사람들을 초청해 성대한 잔치를 베풀었습니다.

당신이 탕자보다 못한 사람일까요? 그렇지 않습니다.

막 태어난 아기는 얼마나 귀한 생명이고 사랑스러운 존재입니까? 태어남 그 자체가 신비스럽고 축복 받을 일입니다. 엄마는 이 아기가 아플까 봐 노심초사하고 좋은 것을 먹이길 원하며 깨끗한 옷을 입히길 원하고 잠자리도 불편함이 없이 마련합니다. 새 생명은 사람들의 축복을 받으며 자랍니다. 이처럼 누구나 인간은 귀히 여김 받기를 원하고 자기 자신을 사랑하길 원합니다.

"사람이 만일 온 천하를 얻고도 자기를 잃든지 빼앗기든지 하면 무엇이 유익하리요."(눅 9:25)

하나님은 그런 한 사람 한 사람의 영혼을 소중히 여기십니다.
하나님은 언제나 탕자보다 귀한 당신을 위해 더욱더 좋은 것으로 준비하고 문을 활짝 열고 기다리고 계십니다. 하나님을 믿기만 해도 복을 주시겠다고 하십니다. 얼마나 놀라운 일입니까?

"가라사대 내가 반드시 너를 복주고 복주며 너를 번성케 하고 번성케 하리라 하셨더니."(히 6:14)

당신의 평생에 하는 모든 일이 다 잘 될 것입니다.

"저는 시냇가에 심은 나무가 시절을 좇아 과실을 맺으며 그 잎사귀가 마르지 아니함 같으니 그 행사가 다 형통하리로다."(시 1:3)

나무에 달린 자마다 저주 아래 있는 자라 했습니다. 당신이 받아야 할 저주는 모두 예수님이 십자가에서 다 받았습니다. 당신의 삶에 더 이상 저주가 없습니다. 복만 있습니다. "내 사전에 저주는 없다"고 말하며 이 사실을 완전히 믿으십시오.

　"내 사전에 저주는 없다."

하나님은 병 고침과 물질 축복 등을 모두 주신다

당신은 어떤 꿈과 소원이 있습니까?

예수를 믿는다는 것이 단순히 천국에 가는 것만 말할까요?

아닙니다. 이 땅에 살 동안에도 천국의 복을 누리며 살아야 합니다. 하나님은 그분을 믿기만 해도 구원하시고 또 생각지도 않는 모든 복까지 덤으로 주십니다. 이것이 '풍성한 삶'입니다.

혈루증을 앓은 한 여인이 예수님의 옷에만 손을 대어도 구원을 받으리라 생각했습니다. 그 간절한 믿음대로 그 여인은 구원을 받았고 하나님의 능력으로 병이 나아 완전히 회복되었습니다.

그녀는 육신의 병이 있어 사람들로부터 소외당하고 거리감을 가지고 있었습니다. 사람들 앞에 나서지도 못하고 예수님을 만나고자 했으나 막연히 기다리면 그 여인 차례까지 오지 않았을 것입니다. 누구보다도 예수님의 옷자락이라도 만져 보고픈 간절함이 그녀에게 있었습니다. 이러한 간절한 믿음이 여인을 살렸습니다.

"예수께서 일어나 따라 가시매 제자들도 가더니 열 두 해를 혈루증으로 앓는 여자가 예수의 뒤로 와서 그 겉옷 가를 만지니 이는 제 마음에 그 겉옷만 만져도 구원을 받겠다 함이라. 예수께서 돌이켜 그를 보시며 가라사대 딸아 안심하라 네 믿음이 너를 구원하였다 하시니 여자가 그 즉시 구원을 받으니라."(마 9:19~22)

이처럼 하나님의 능력은 크고 믿음은 단순합니다.

당신도 그분의 옷자락에만 손을 대어도 병이 낫고 모든 저주가 물러간다는 믿음을 가지십시오. 그렇게 생각하고 말하십시오. 그러면 그대로 됩니다. 지금은 예수님이 당신 안에 살아 계십니다.

나도 앞이 캄캄하고 안 보일 때는 내 앞에나 내 옆에 계신 하나님만 바라볼 때가 있습니다. 일부러 내가 아무도 없는 사막에 떨어졌다 생각하고 나의 힘이 되신 하나님만 의지합니다. 사람들의 소리가 안 들릴 때, 때론 반대로 주위 사람들을 많이 의식하게 될 때도 그렇습니다. 나는 사람들의 가치판단에 의해 치우치지 않고 하나님의 가치판단에 내 생각과 믿음을 맞추려고 노력합니다.

사람들은 자기가 필요하다고 생각될 땐 가까이 따르지만 필요가 없어지면 멀리하는 경우가 있습니다. 재물이 있고 없음도 마찬가지입니다. 점점 삭막해져 가는 세상에서 몸과 마음이 병들어

가는 사람이 많습니다. 그들은 성격이 강퍅해져 갑니다. 자기 자신을 깎아 먹습니다. 그런 사람들을 볼 때마다 나는 넉넉하게 하시고 부요하게 하시는 나의 구원자이신 하나님만 바라봅니다.

"내가 산을 향하여 눈을 들리라 나의 도움이 어디서 올꼬? 나의 도움이 천지를 지으신 여호와에게서로다."(시 121:1~2)

당신도 하나님을 믿으면 달라진 세상이 보일 것입니다.
눈에 보이는 현상이 다가 아닙니다. 하나님의 믿음으로 세상을 바라보아야 합니다. 인생은 믿음대로 되기 때문입니다.

"믿음은 바라는 것들의 실상이요 보지 못하는 것들의 증거니 선진들이 이로써 증거를 얻었으니라. 믿음으로 모든 세계가 하나님의 말씀으로 지어진 줄을 우리가 아나니 보이는 것은 나타난 것으로 말미암아 된 것이 아니니라."(히 11:1~3)

하나님을 믿으면 좋은 언어만 사용하게 된다

당신은 일상생활에 어떤 언어를 사용하십니까?

부정적인 말입니까? 긍정적인 말입니까? 저주의 말입니까? 축복의 말입니까? 하나님을 믿으면 무엇보다 언어가 바뀝니다.

하나님은 말씀으로 천지를 창조하셨습니다. 하나님의 형상을 따라 사람을 만드셨고 말의 권세를 주셨습니다. 하나님은 우리의 말에 따라 역사하십니다. 그만큼 인생에 있어 말은 중요합니다.

"그들에게 이르기를 여호와의 말씀에 내 삶을 두고 맹세하노라. 너희 말이 내 귀에 들린 대로 내가 너희에게 행하리니."(민 14:28)

나는 하나님을 믿어 좋은 언어를 사용해서 행복합니다.

내가 하나님을 믿지 않았다면 과연 현실에 부딪혔을 때 어떤 언어를 내뱉었을까 생각해 보고 혼자 웃곤 합니다.

아마 원망과 불평, 저주의 말을 마구 했을 것입니다.

하나님을 믿고 난 후부터 '후회할 폭언'을 안 해서 좋습니다.

어떤 문제에 부딪혀 순간을 참지 못해 남의 가슴에 깊은 상처로 남긴 폭언. 막말이 그 사람의 평생에 고통을 안겨 줍니다.

당신은 화가 났을 때 어떤 언어를 사용하십니까?

자신의 분노를 참지 못할 때와 상대방이 말도 안 되는 억지를 부릴 때 어떻습니까? 간혹 버스에서 운전기사님이 급브레이크를 밟아 넘어지므로 난처한 경우가 생길 때, 아니면 기사님이 옆 차와 신경전을 벌일 때 내뱉은 말은 어떤가요? 운전 중에 갑자기 끼어든 차 때문에 위험에 처할 때는 또 어떻습니까?

며칠 전엔 자동차 한 대가 큰 사고가 날 뻔 했습니다. 달리는 차 앞에 갑자기 한 사람이 태연하게 걷지 않겠습니까? 그 운전자가 얼마나 놀랐던지 한참 차가 멈춰 서 있는 것을 보았습니다.

부모가 감정 조절을 못해 자식한테 함부로 말할 때는 어떨까요? 반대로 자녀가 부모나 선생님한테 버릇없이 대들 때도 좋은 소리는 나오지 않습니다. 친구와 말싸움이 날 때도 마찬가지고 부부 싸움을 해서 심하게 고성이 오갈 때도 언행이 나빠집니다.

우리는 TV에서 국회의원들이 막말로 대립할 때를 종종 보곤 합니다. 이러저런 이유들로 인해 우리가 내뱉는 말이 나빠질 때가 많습니다. 성령님이 자기 안에 계신다는 것을 의식하지 못하기 때문에 본능이 앞서는 것 같습니다. 심각해질 정도의 못된 언어를 사용하고 남에게 비수를 꽂을 정도의 말을 하고 감정대로 기분 내키는 대로 행동해도 의식 못하는 사람들. 이럴 때도 내가 하나님을 믿어 한 번 더 생각해 보고 참게 됨을 감사드립니다.

당신도 하나님을 믿으십시오. 그러면 입술의 말을 다스리게 될 것입니다. 인생은 말대로 되는데 하나님의 능력이 아니고는 자신의 말을 다스릴 수 있는 사람이 아무도 없습니다.

"누구든지 스스로 경건하다 생각하며 자기 혀를 재갈 물리지 아니하고 자기 마음을 속이면 이 사람의 경건은 헛것이라."(약 1:26)

성경에는 말로 온 몸을 굴레 씌운다고 했습니다.

"내 형제들아 너희는 선생 된 우리가 더 큰 심판을 받을 줄 알고 선생이 많이 되지 말라. 우리가 다 실수가 많으니 만일 말에 실수가 없는 자라면 곧 온전한 사람이라 능히 온 몸도 굴레 씌우리라. 우리가 말들의 입에 재갈 물리는 것은 우리에게 순종하게 하려고 그 온 몸을 제어하는 것이라. 또 배를 보라 그렇게 크고 광풍에 밀려가는 것들을 지극히 작은 키로써 사공의 뜻대로 운행하나니 이와 같이 혀도 작은 지체로되 큰 것을 자랑하도다 보라 얼마나 작은 불이 얼마나 많은 나무를 태우는가. 혀는 곧 불이요 불의의 세계라 혀는 우리 지체 중에서 온 몸을 더럽히고 삶의 수레바퀴를 불사르나니 그 사르는 것이 지옥 불에서 나느니라. 여러 종류의 짐승과 새와 벌레와 바다의 생물은 다 사람이 길들일 수 있고 길들여 왔거니와 혀는 능히 길들일 사람이 없나니 쉬지 아니하는 악이요 죽이는 독이 가득한 것이라. 이것으로 우리가 주 아버지를 찬송하고 또 이것으로 하나님의 형상대로 지음을 받은 사람을 저주하나니 한 입에서 찬송과 저주가 나오는도다. 내 형제들아 이것이 마땅하지 아니하니라."(약 3:1~10)

　　내 입술에서 나오는 단어가 나쁜 말이 아니고 험악한 말이 아니어서 좋습니다. 악의 모양이라도 닮지 않는 말을 사용해서 좋습니다. 그래서 하나님을 믿어서 좋다는 생각을 참 많이 합니다. 당신도 하나님을 믿으십시오. 입술의 말이 바뀔 것입니다.

예수님이라면 어떻게 하셨을까?

당신도 지금까지 많은 시험을 겪었습니까?

나도 많은 시험이 있었지만 다 이겨냈습니다. 하나님의 은혜는 태산같이 크고 나를 연단하는 시험은 티끌처럼 작았습니다.

지나온 일들을 돌아보니 모두 하나님의 은혜였습니다.

누구에게나 어렵고 힘든 일이 있었을 겁니다. 나에게도 그런 일들이 그냥 지나치지는 않았습니다. 잔잔한 일상에서 생각지도 못한 일들이 벌어지고 있었습니다. 무슨 일일까요? 가장 가까이 있는 사람을 은연중에 내가 미워하고 있었던 것입니다.

당면한 문제로 인해 내 얼굴 전체에 새까맣게 기미가 낄 정도로 내 몸이 느끼고 상처를 받고 있었습니다. 보는 사람들은 영문도 모르고 한 마디씩 던졌습니다. 만나는 이마다 피부과를 권하기도 했습니다. 내 얼굴이 피죽도 못 끓여 먹는 사람처럼 피폐하게 보이고 궁상맞고 궁핍하게 보였다고 했습니다.

나는 사람들과의 대화를 자제하고 필요한 말만 겨우 했습니다.

나의 감각과 감정들이 암흑 속에 완전히 갇히는 듯 했습니다.

나 자신에 대한 실망과 현실을 뛰어넘지 못하는 무능함에 자책하기도 했습니다. 현명하게 대처할 답을 찾지 못했습니다.

"사람이 감당할 시험 밖에는 너희에게 당한 것이 없나니 오직 하나님은 미쁘사 너희가 감당치 못할 시험 당함을 허락지 아니하시고 시험당할 즈음에 또한 피할 길을 내사 너희로 능히 감당하게 하시느니라."
(고전 10:13)

당시에는 그 방법을 몰랐습니다.

마음 한쪽엔 이런 생각이 떠올랐습니다.

'예수님이라면 어떻게 하셨을까. 예수님이라면······.'

그런데 크신 하나님이 모든 일을 작게 여기게 하시고 상황을 정리해 주셨습니다. 또한 가정을 소중히 여기게 하시고 나에게 보지 못하는 것을 보고 느끼게 하시며 나의 길을 예비하셨습니다.

그런 하나님의 은혜로 여기까지 달려왔습니다. 이러한 하나님을 나는 완전히 신뢰합니다. 나는 하나님이 좋습니다.

앞으로 내게 더 큰 복을 주시리라 믿습니다.

"야베스가 이스라엘 하나님께 아뢰어 이르되 주께서 내게 복을 주시려거든 나의 지역을 넓히시고 주의 손으로 나를 도우사 나로 환난을 벗어나 내게 근심이 없게 하옵소서 하였더니 하나님이 그가 구하는 것을 허락하셨더라."(대상 4:10)

하나님은 당신의 모든 기도를 듣고 응답하신다

하나님이 나의 모든 기도를 듣고 응답하십니다.

나는 내 속에 있는 더러운 죄를 회개하고 마음을 깨끗이 한 다음 갈급한 심정으로 하나님께 부르짖습니다. 그러면 하나님께서 언제나 귀를 기울여 주시고 내 기도에 응답하십니다.

나는 아무 때나 장소를 가리지 않고 눈을 감고도 기도하고 눈을 뜨고도 기도합니다. 때론 길거리를 걷다가도, 차 안에서도, 교회에서도, 주방에서도 기도합니다. 내 삶은 기도입니다.

아무 때나 눈을 뜨고 하나님께 조용히 나가 내가 직면한 문제를 다 말씀드립니다. 그러면 하나님은 내 눈으로, 때론 귀로 확인할 수 있게 응답해 주십니다. 텔레비전 스크린으로 보여주시기도

합니다. 친구를 위해 기도하면 그 친구한테 '누군가 나를 위해 기도하고 있는 것 같아'라고 말하는 것을 귀로 듣게도 하십니다.

여러 방면으로 확인시켜 주십니다. 하나님은 살아 계십니다.

상대방을 위해 기도하면 어떨 땐 가슴이 크게 흐느껴 울 정도의 아픔을 주셔서 내가 너무 슬플 때가 있습니다. 아픈 부위가 각각 다르며 고통의 깊이가 달라서 힘들 때가 많습니다. 그럴 때는 하나님께 재빨리 문제가 해결되기를 바라며 치유와 회복의 기도를 드립니다. 그런 기도는 며칠이 걸릴 때도 있고 하루 만에 끝날 때도 있습니다. 반면에 세상이 줄 수 없는 끓어오르는 벅찬 기쁨, 배에서부터 입에까지 올라오는 환한 기쁨을 안겨다 주실 때도 있습니다. 아주 큰 좋은 일이 있을 거라는 것을 미리 알려줍니다.

기도 제목은 사소한 것도 있고 서원하는 기도도 있습니다.

가까이에 있는 가족, 친구, 이웃, 직장, 믿지 않는 사람들, 권세 잡은 자들, 선교사님들, 주의 종들, 나라를 위해, 북한을 위해, 지구본에 그려진 여러 나라들, 다른 종교, 환경, 보이지 않는 것 등 여러 가지를 위해 기도합니다.

친구한테 이야기하듯 간구하기도 하고 때론 눈물을 흘릴 때도 있고 바닥에 엎드려 손을 들고 간절히 기도할 때도 있습니다.

하나님은 이렇게 내가 재잘거리는 기도를 다 들으십니다.

한번은 송구영신 예배에 참석하고 싶은 마음이 들었지만 가지 못했습니다. 눈이 많이 와서 가지 못하고 집에서 기도할 때였습니다. 모두 자고 있는 방에서 무릎을 꿇고 머리를 방바닥에 대니 등은 엉덩이와 일직선상이 되었습니다. 아주 작게 소리 내어 기도하는데 '뽕' 하고 방귀가 나왔습니다. 아랑곳하지 않고 또다시 계속 기도하는데 조금 지나서 또 '뽕뽕' 했습니다.

기도 소리가 방귀 소리에 가려 들리지 않을 정도였습니다. 불협화음, 갑자기 끼어든 불청객 소리라 할까요. 나 혼자만 깨어 있어서 그 소리가 창피한지 몰랐습니다. 다른 날도 아니고 해가 바뀌는 날, 그 모습을 상상해 보십시오. 얼마나 웃기겠습니까?

그런데 다음날, 자고 있는 줄만 알았던 남편이 다른 가족한테 그 이야기를 하는 것이 아니겠습니까? 모두 한바탕 웃었습니다.

나는 소망하는 기도 제목이 있습니다. 상대방이 어떤 위기에 처해 있을 때 그것을 바로 알아 그 사람을 살리는 기도를 하는 것입니다. 기도는 하나님과의 대화로 나에게 큰 위안을 주기도 하고 기쁨을 주기도 합니다. 나는 기도할 때 가장 행복합니다. 그래서 기도의 끈을 놓지 않으려 합니다. 많은 시간을 내서 기도하지는 못하지만 시간을 만들어 정성껏 기도에 투자하려고 합니다.

하늘에서 보았을 땐 나는 아주 작아서 보이지도 않을 텐데 이런 연약한 나의 기도를 들으시는 하나님께 감사드립니다.

"내 이름으로 무엇이든지 내게 구하면 내가 시행하리라. 지금까지는 너희가 내 이름으로 아무것도 구하지 아니하였으나 구하라 그리하면 받으리니 너희 기쁨이 충만하리라."(요 14:14, 16:24)

나는 하나님 빽이 있어 항상 든든하다

당신은 어떤 빽이 있습니까?

나는 하나님 빽이 있어 항상 든든합니다.

세상에서는 줄을 잘 서야 성공한다고들 합니다.

사람들은 세상의 권세나 명예, 출세, 재물 등 자기가 가지고 있는 것으로 자랑합니다. 주변에서는 자식 자랑도 많이 합니다.

사회에선 학벌, 지위, 핏줄 등으로 자기보다 못한 이들을 무시하기도 합니다. 사람들 사이에는 힘이 세다는 이들의 눈치를 보며 재빠르게 처세해야 할 때도 있습니다.

나는 그런 세상 줄은 없습니다. 금수저도 아니고 내세울 것도 자랑할 것도 없는 사람이지만 우리가 보고 누릴 수 있는 만물을 창조하시고 자기의 형상대로 사람을 지으신 하나님이 나의 아버지가 되시고 그분이 항상 나와 함께 계십니다.

"그러나 내가 혼자 있는 것이 아니라 아버지께서 나와 함께 계시느니라."(요 16:32)

또 그 아들 예수 그리스도는 이 땅에 오셔서 우리 죄를 위해 고난당하고 십자가에 못 박혀 돌아가셨습니다. 하나님은 사랑하는 독생자 예수님까지 우리를 위해 대속의 죽음을 감당케 하신 '좋으신 하나님'입니다.

"자기 아들을 아끼지 아니하시고 우리 모든 사람을 위하여 내주신 이가 어찌 그 아들과 함께 모든 것을 우리에게 주시지 아니하겠느냐." (롬 8:32)

예수님의 보혈로 우리는 정결케 되었습니다.
더 이상 우리 속에 죄가 들어오지 않게 해야 합니다. 만약 죄가 들어오면 회개하고, 성령님이 우리 안에 계시므로 우리는 죄와 구별된 삶을 살아야 합니다. 우리는 하나님의 자녀입니다.

"무릇 하나님의 영으로 인도함을 받는 사람은 곧 하나님의 아들이라."(롬 8:14)

하나님이 아무것도 내세울 것도 없는 연약한 나의 앞길 또한 인도하고 계십니다. 나는 어느 누구보다도 크신 하나님의 줄, 빽이 있어 항상 든든합니다. 나는 내 앞에 하나님이 계셔 두렵지 않습니다. 위험하지 않습니다. 항상 안전합니다.

　"그런즉 이 일에 대하여 우리가 무슨 말 하리요 만일 하나님이 우리를 위하시면 누가 우리를 대적하리요."(롬 8:31)

　세상의 그 어떤 것도 하나님 앞에는 무기력합니다.

　첫째, 하나님은 제일 부자이십니다.
　둘째, 하나님은 세계의 주인이십니다.
　셋째, 하나님은 사람을 다스리는 주권자이십니다.

　나는 혈육의 아버지도 사랑하지만 더 크신 아버지 하나님이 계셔서 너무나 좋습니다. 성령님은 아버지의 영입니다. 그래서 나는 "성령님, 사랑합니다. 제 삶을 터치해 주세요"라고 기도합니다. 여호와의 신이신 성령님이 계시므로 내게 부족함이 없습니다.

　"여호와는 나의 목사시니 내게 부족함이 없으리로다."(시 23:1)

하나님은 당신의 믿음에 대해 상을 주시는 분이다

당신은 하나님께 상을 받은 적이 있습니까?

나는 그동안 하나님께 믿음의 상을 많이 받았습니다.

구원받은 것도 감사한데 하나님은 내게 상까지 주십니다.

이 얼마나 놀랍고 떨리고 감사한 일인지 모릅니다.

"모세는, 그리스도를 위하여 받는 수모를 애굽의 모든 보화보다 더 큰 재물로 여겼으니 이는 상 주심을 바라봄이라."(히 11:26)

우리가 하나님의 말씀을 따라 살 때 잠시 수모를 받더라도 두려워하지 말고 하나님이 백배로 상 주신다는 것을 믿어야 합니다.

하나님은 우리의 믿음에 대해 이 땅에서도 백배의 상을 주시고 천국에서도 의의 면류관을 상으로 주십니다.

　나는 세상적인 자랑거리도 없을뿐더러 하나님한테도 내세울 것이 없는 사람입니다. 하지만 예수님을 구주로 믿으므로 의의 면류관, 생명의 면류관을 받게 될 것입니다. 이것은 행위로 말미암은 상이 아닌 믿음의 상입니다. 사도 바울은 자신만 아닌 예수를 구주로 믿는 모든 사람이 이런 상을 받는다고 했습니다.

　"나는 선한 싸움을 싸우고 나의 달려갈 길을 마치고 믿음을 지켰으니 이제 후로는 나를 위하여 의의 면류관이 예비되었으므로 주 곧 의로우신 재판장이 그 날에 내게 주실 것이며 내게만 아니라 주의 나타나심을 사모하는 모든 자에게도니라."(딤후 4:7~8)

살아 계신 하나님의 능력을 경험하는 비결

당신은 살아 계신 하나님의 능력을 경험한 적이 있습니까?

나는 그분의 능력을 많이 경험했습니다. 그분의 생각과 길은 내 생각과 길보다 높았습니다. 하늘과 땅 차이였습니다.

"여호와의 말씀에 내 생각은 너희 생각과 다르며 내 길은 너희 길과 달라서 하늘이 땅보다 높음 같이 내 길은 너희 길보다 높으며 내 생각은 너희 생각보다 높으니라."(사 55:8~9)

어떻게 하면 하나님의 능력을 경험할 수 있을까요?

현실을 뛰어넘는 믿음이 있어야 합니다. 하나님이 그런 믿음을 이미 당신에게 주셨습니다. 당신은 믿음이 큽니다.

"주께서 이르시되 너희에게 겨자씨 한 알만한 믿음이 있었더라면 이 뽕나무더러 뿌리가 뽑혀 바다에 심기어라 하였을 것이요 그것이 너희에게 순종하였으리라."(눅 17:6)

예수를 구주로 믿는 믿음이 가장 큰 믿음입니다. 예수를 믿는 자에게 성령님이 큰 믿음을 가지고 들어오셨습니다. 그러므로 믿음이 없다는 말을 하지 말아야 합니다. "나는 믿음이 크다. 내 안에 크신 성령님이 가득히 들어와 계신다"고 말해야 합니다.

나도 전에는 남편과 이야기하다 의견 충돌로 불만이 쌓여 남편이 싫기도 하고 환경 때문에 투덜대기도 했습니다. 현실을 생각하니 미래가 불투명하고 불만족스러울 때가 있었습니다.

내가 생각하는 그릇의 분량만큼 채워지지 않으니 나 자신에게 화가 나고 나 자신이 싫어졌습니다. 그런데 생수의 강으로 오신 성령님을 모시고 사니까 만족해졌습니다. 또한 성령님과 함께 꿈꾸며 달려가게 되었습니다. 그 결과 현실에 안주하고 맴도는 평범한 삶에서 뛰어넘는 큰 믿음을 갖게 되었고 크신 하나님의 능력으로 펼쳐지는 또 다른 길을 보게 되었습니다.

하나님은 내가 알지 못하는 크고 비밀한 길을 준비해 놓고 순간마다 그 길로 나를 인도하셨습니다.

"보라 내가 새 일을 행하리니 이제 나타낼 것이라. 너희가 그것을 알지 못하겠느냐 반드시 내가 광야에 길을 사막에 강을 내리니."(사 43:19)

당신도 크게 생각해야 합니다. 크신 하나님은 지금 내가 가지고 있는 작은 마음의 그릇보다 더 큰 그릇으로 나를 빚어 새롭게 하십니다. 성경 속 믿음의 조상들의 하나님, 설교 속 목사님만의 하나님, 책 속 저자만의 하나님이 아닌 나의 살아 계신 하나님으로 다가오십니다. 하나님은 지금 내 안에 실제로 살아 계십니다.

성령님 만나기를 소망하니 주일날 예배 중에도 그분이 나에게 인격적으로 가까이 다가오셨습니다. 당신도 성령님을 인격적으로 만나기를 사모하십시오. 그러면 당신을 만나 주실 것입니다.

사람이 웃는 웃음은 입술이 벌어지는데 한계가 있습니다. 그러나 성령님께서 주신 웃음은 저절로 입을 아주 크게 열고 치아 끝까지 벌리게 하시어 인간이 줄 수 없는 넘치는 기쁨으로 활짝 웃게 하십니다. 큰 기쁨으로 나를 감싸십니다.

살아 계신 하나님의 능력이 오늘도 나를 감동케 합니다.

감사합니다. 내 마음에 기쁨을 주신 하나님.

"주께서 내 마음에 두신 기쁨은 그들의 곡식과 새 포도주가 풍성할 때보다 더하니이다."(시 4:7)

아름다운 자연을 만드신 하나님을 찬양하라

당신은 하나님 아버지를 어떤 분으로 알고 있습니까?

하나님 아버지는 천지 만물을 창조하신 창조주이십니다.

그런 하나님의 능력을 경험하려면 아름다운 자연을 만드신 하나님을 믿음의 눈으로 바라보며 마음과 입술로 찬양해야 합니다.

지금 이 책을 쓰면서 잠깐 고개를 들어 하늘을 보니 비가 온 뒷날이라 하늘이 맑고 높고 크레파스 색깔에 나오는 하늘색입니다.

아, 가을 하늘을 손으로 뻗쳐서 만지고 싶습니다.

하늘에 하얀 구름이 있는데 하늘거리는 코스모스 꽃 하나를 꺾어 하얀 구름과 하늘 사이에 걸쳐 놓으면 어떨까요?

어린아이처럼 짓궂은 장난을 쳐봅니다.

아, 오랜만에 하늘을 보는데 하나님이 지으신 하늘이 정말 멋집니다. "이렇게 멋질 수가!" 하고 감탄이 저절로 나옵니다.

엊그제는 후배와 같이 모처럼 시골길을 산책했습니다.

"언니, 고개 숙인 벼들 좀 봐. 좋지 않아?"

"정말. 그러네."

연두색 푸름에 겨자색 벼들도 있고 이제 노랗게 익어 가려고 하는 벼들도 있지만, 나는 벼보다 하나님이 지으신 색이 더 아름다웠습니다. 고개 숙인 벼들도 의미가 있지만 연두색과 노랗게 물들어 가는 색상에 젖어 눈을 떼지 못했습니다.

'저기에 눕고 싶구나.'

그 반대편에는 밤나무가 있었습니다. 나무에 딱 벌어진 밤송이가 매달려 있었습니다. 밤 색상이 갈색으로 유난히 반들반들했습니다. 머릿속에는 '저 밤송이를 어떻게 떨어뜨려 밤을 깔까?'라는 생각뿐이었습니다. 조금 있으면 가을을 장식하는 단풍에 억새도 필 텐데 그냥 지나치지 말아야겠다는 생각이 듭니다. 멋들어지게 피는 형형색색의 향기 나는 소국과 국화 축제도 한번은 가볼까 합니다. 같이 호흡하며 자연과 하나가 되어야겠습니다.

보고 만지고 누리라고 한 자연을 왜 그리 무심하게 지내 왔는지, 갑자기 지구 뒤편에 하나님이 만드신 아름다운 작품 또한 궁금해집니다. 내가 알지 못하는 어떤 신비한 자연이 있을까? 가볼 수만 있다면 느끼고 만져 보며 자연의 세계를 만끽하고 싶습니다.

이처럼 아름다운 자연 또한 살아 계신 하나님의 능력입니다.

제 철에 피는 꽃은 예쁩니다.

젊음도 참 예쁩니다.

나도 하나님한테 예쁨이고 싶습니다.

나는 하나님이 창조하신 아름다운 자연을 보면 하나의 소원이 생깁니다. 내가 나이 들어서도 지금 내가 바라본 자연의 깨끗하고 아름다움처럼 성령의 빛으로 환한 얼굴을 가진 누구나 알 수 있는 하나님의 사람이고 싶습니다.

"할렐루야, 하늘에서 여호와를 찬양하며 높은 데서 그를 찬양할지어다. 그의 모든 천사여 찬양하며 모든 군대여 그를 찬양할지어다. 해와 달아 그를 찬양하며 밝은 별들아 다 그를 찬양할지어다. 하늘의 하늘도 그를 찬양하며 하늘 위에 있는 물들도 그를 찬양할지어다. 그것들이 여호와의 이름을 찬양함은 그가 명령하시므로 지음을 받았음이로다. 할렐루야."(시 148:1~5)

살아 계신 하나님의 능력으로 꿈과 소원을 가지라

당신은 어떤 꿈과 소원 목록이 있습니까?

살아 계신 하나님의 능력으로 120가지 꿈과 소원을 가지세요.

학창시절도 아니고 그렇다고 이팔청춘도 아니고 무슨 꿈이냐고 하시겠지만 나는 소박한 꿈을 매일 꾸고 큰 꿈도 꿉니다. 내가 더 나이 들어서도 꿀 겁니다. 꿈이 없다면 사는 것이 무의미합니다.

육체적인 살을 조금 빼야겠다는 결심과 바람으로 여전히 날씬한 나를 꿈꿉니다. 내 주위에 믿지 않는 사람들이 예수를 구주로 믿고 같이 교회에 가서 영적인 교제를 나누는 꿈도 꿉니다.

서로의 아픈 상처가 치유되고 모두의 영혼과 몸이 건강하기를 바라는 꿈도 꿉니다. 좋은 인연과 좋은 책을 만나는 꿈 또한 꿉니다. 책을 잘 쓰는 작가, 많은 책을 내는 작가, 제일 선호하는 책으로 독자들에게 기억되는 작가가 되길 바라는 꿈도 꿉니다. 독자들이 감동을 받아 많은 사람들이 하나님을 영접하는 꿈도 꿉니다.

모든 일에 감사하는 사람, 감사할 일이 차고 넘치는 사람, 항상 기뻐하는 사람이 되었다는 꿈도 꿉니다. 더 단단한 기도의 사람, 바로바로 응답받는 능력의 사람이 되겠다는 꿈도 꿉니다.

"대저 그 마음의 생각이 어떠하면 그 위인도 그러한즉."(잠 23:7)

순간순간 성령님과 교통하며 웃는 꿈도 꿉니다. 성령님이 내 모든 것을 주관하고 지시하시는 꿈도 꿉니다. 에녹이 그런 삶을 살았는데 1, 2년이 아닌 자그마치 300년을 그렇게 살았습니다.

"에녹은 육십오 세에 므두셀라를 낳았고 므두셀라를 낳은 후 삼백 년을 하나님과 동행하며 자녀들을 낳았으며 그는 삼백육십오 세를 살았더라. 에녹이 하나님과 동행하더니 하나님이 그를 데려가시므로 세상에 있지 아니하였더라."(창 5:21~24)

하늘나라에서 면류관 쓰는 꿈도 꿉니다.

하나님의 능력으로 세계를 한 발 한 발 내딛는 비전도 갖습니다. 내가 꾸는 꿈은 직접적인 것도 있고 간접적인 것도 있으며 피부에 와 닿는 것도 있고 추상적인 것도 있습니다. 사소한 것도 있고 내가 앞으로 되고 싶은 큰 꿈도 있습니다.

나는 하나님한테 언제 어디서나 듣고 싶은 말이 있습니다.

"딸아, 참 잘했다."

"하늘로부터 소리가 있어 말씀하시되 이는 내 사랑하는 아들이요 내 기뻐하는 자라 하시니라."(마 3:17)

작은 일에도 원망하지 말고 감사를 표현하라

당신은 원망하지 않습니까?

어떤 사람은 아무리 잘 해줘도 끝없이 원망과 불평만 합니다.

그런 사람은 가진 것을 다 잃게 됩니다. 원망을 멈추세요.

그동안 하나님이 당신에게 얼마나 많은 은혜를 베푸셨습니까? 주위 사람들이 당신에게 얼마나 많은 도움을 줬습니까? 그런데 왜 광야의 길을 걷던 이스라엘 백성처럼 투덜거리며 원망만 합니까? 원망하면 가진 것을 다 잃고 망합니다. 관계가 깨집니다.

"그들 가운데 어떤 사람들이 원망하다가 멸망시키는 자에게 멸망하였나니 너희는 그들과 같이 원망하지 말라."(고전 10:10)

원망 대신 말과 생각, 행동으로 감사를 표현하십시오.

감사를 표현하는 방법에는 어떤 것이 있을까요?

나는 하나님이 주신 훌륭한 양식에 감사하며 그 감사의 표현으로 저금통에 동전을 한 개씩 집어넣습니다.

우리 집 식탁에는 각자의 이름이 새겨진 조그만 저금통이 놓여 있습니다. 밥 먹기 전에 감사하며 거기에 동전을 한 개라도 집어넣고 밥을 먹습니다. 밥 먹는 것은 평일에는 두 끼가 될 때도 있고 주말에는 세 끼 식사가 될 때도 있습니다. 우리에게 지금 내려준 양식에 대해 감사하는 마음으로 동전을 저축합니다.

집에 들어오면 호주머니에 동전을 꺼냅니다. 차에 있는 동전까지 챙겨 집으로 가지고 옵니다. 동전이 없으면 지폐도 넣습니다. 얼마냐가 중요하지 않습니다. 오늘 우리가 먹고 있는 최고의 만찬에 대해 감사할 뿐입니다. 당신도 감사를 표현하십시오.

예전에는 동전을 집에 두면 굴러다니고 어디로 갔는지도 모르게 사라지곤 했습니다. 그래서 그 귀한 동전에 의미를 두기로 했습니다. 내 가족의 일부로써……:

"범사에 감사하라, 이것이 그리스도 예수 안에서 너희를 향하신 하나님의 뜻이니라."(살전 5:18)

베푸는 자가 받는 자보다 더 큰 복을 받았다

당신은 받기를 좋아합니까? 베풀기를 좋아합니까?

나는 베풀기를 좋아하는 사람입니다. 받는 것보다 베푸는 것이 편하고 기쁨이 있기 때문입니다.

"범사에 여러분에게 모본을 보여준 바와 같이 수고하여 약한 사람들을 돕고 또 주 예수께서 친히 말씀하신바 '주는 것이 받는 것보다 복이 있다' 하심을 기억하여야 할지니라."(행 20:35)

주는 자가 받는 자보다 하나님께 더 큰 복을 받았기 때문에 그렇게 베풀 수 있는 것입니다. 당신도 베푸는 자가 되십시오.

물론 내게도 사람들에게 받은 사랑의 빚이 있습니다. 이 마음의 빚은 나를 힘나게도 하고 크게도 만들고 오랫동안 기억나게 합니다. 당신은 과거에 사람들에게 어떤 도움을 받았습니까? 그것을 결코 작은 일로 여기지 마십시오. 억만 번이나 감사하십시오.

하루는 교회 예배가 끝나고 나오는데 갑자기 비가 쏟아졌습니다. 미처 우산을 준비하지 못하고 교회 입구에서 뛸까 아니면 비가 그치면 갈까 망설이고 있었습니다. 쉽게 그칠 비는 아니었습니다. 당시에 집은 교회에서 10분 정도 걸어야 하는 거리였습니다. 한 사람이 우산을 집에까지 씌워 주었습니다. 상대방은 스쳐 지나갔을지 모르지만 지금까지 기억에 남을 정도로 고마웠습니다. 그때는 그 사람에 대해 잘 알지도 못한 상태였습니다.

사랑의 빚을 지고 그 후로도 그 사람을 대했습니다. 나는 그 사람한테 그렇게 고맙게 느낄 정도로 답례를 못했습니다.

그 사람은 내가 이런 생각을 가지고 있다는 것을 모릅니다.

하지만 나는 몇 백배 축복해 달라고 하나님께 구했습니다.

그 사람의 사업과 가정과 믿음을 위해 기도했습니다.

"여호와는 네게 복을 주시고 너를 지키시기를 원하며 여호와는 그의 얼굴을 네게 비추사 은혜 베푸시기를 원하며 여호와는 그 얼굴을 네게로 향하여 드사 평강 주시기를 원하노라 할지니라 하라. 그들은 이같이 내 이름으로 이스라엘 자손에게 축복할지니 내가 그들에게 복을 주리라."(민 6:24~26)

도움을 받았으면 축복 기도라도 한 마디 하라

당신은 도움을 받은 사람을 위해 무엇을 해줍니까?

나는 조금이라도 나를 도왔다면 그를 위해 축복 기도합니다.

며칠 전에는 김치 냉장고가 인천에서 도착했습니다. 택배비까지 선물로 왔습니다. 요즈음 각 가정에 하나쯤 비치되어 있는 스탠드형 김치냉장고입니다. 나는 또 사랑의 빚을 졌습니다.

일반 김치냉장고는 굽혀 김치통을 꺼내면 허리에 무리가 온다고 스탠드형을 보내 왔습니다. 내가 생각지도 못한 나를 생각하고 배려해 주는 그 마음이 너무나 고마웠습니다.

나는 그분에게 물질로 해 준 것이 별로 없습니다.

물질로 받은 것을 꼭 물질로 갚아야 할 필요는 없습니다.

나는 그를 위해 하나님께 축복기도를 합니다.

"하나님, 이 가정이 한 사람 한 사람 모두 건강하게 해 주시고 하나님을 믿고 축복받고 기쁨이 넘치는 가정이 되게 해 주세요."

"여호와께서 명령하사 네 창고와 네 손으로 하는 모든 일에 복을 내리시고 네 하나님 여호와께서 네게 주시는 땅에서 네게 복을 주실 것이며."(신 28:8)

하나님은 내가 구하지 않는 것까지 알아서 채워 주시는 '좋으신 하나님'입니다. 하나님은 내 기도에 응답하십니다.

"하나님. 상대방이 생각지도 못한 최고의 것으로 채워 주세요."

"여호와께서 네게 주리라고 네 조상들에게 맹세하신 땅에서 네게 복을 주사 네 몸의 소생과 가축의 새끼와 토지의 소산을 많게 하시며." (신 28:11)

하나님은 내가 축복 기도한 대로 그들에게 복을 주십니다.

그렇다고 그를 위해 밤낮 울며 기도해 줘야 하는 것은 아닙니다. 도움을 받은 즉시, 또는 가끔 생각날 때마다 그를 위해 기도하면 됩니다. 중요한 것은 한 마디라도 축복 기도하고 그것을 받았다고 믿는 것입니다. 밤낮 울며 비는 것은 이방인들이 하는 것입니다. 하나님은 당신이 남의 축복을 위해 그렇게 밤낮 울기를 원치 않으십니다. 받았다는 믿음으로 감사함으로 한 마디만 아뢰기를 원하십니다. 도움 받은 사람을 위해 한 마디라도 축복 기도하십시오. 그리고 받았다고 믿고 하나님의 기적을 기대하십시오.

그러면 하나님이 그 사람에게 복을 주십니다.

"우리가 너희를 위하여 기도할 때마다 하나님 곧 우리 주 예수 그리스도의 아버지께 감사하노라."(골 1:3)

성령님과 교제를 나누면 인생이 바뀐다

당신은 하나님 찬양하기를 좋아합니까?

나는 순간마다 하나님이 기뻐하시는 찬양을 드립니다.

나는 원래 찬양을 잘 하는 사람이 아닙니다. 그렇다고 음치도 아닙니다. 단지 찬양을 좋아하는 사람입니다.

"어쩜 이런 가사가 나올 수 있을까?"

"하나님의 은혜로 나도 이렇게 작사하고 싶다."

곡이 좋아 찬양을 가끔씩 집에서도 부릅니다. 눈뜨자마자 아침에도 찬양합니다. 찬양은 아무리 불러도 질리지 않습니다.

그런데 한 가지 놀라운 일이 있습니다. 내가 찬양대 자리에 앉으면 성대가 열린다는 것입니다. 음을 잡고 목소리도 달라집니다.

'아, 연습 시간에도 성령님이 임하시는구나.'

남편은 묻습니다. 어떻게 하면 찬양을 잘 할 수 있냐고.

"성령님이 함께 하면 인간의 목소리가 아닌 천상의 소리로 부르게 돼"라고 나는 대답합니다. 음과 가사를 암기한 뒤 예배 시간에 올라가 찬양을 합니다. 악보를 보지 않습니다. 순간 내가 곡을 쓴 작곡가가 되고 작사가가 됩니다. 최대한 곡을 소화한 뒤 찬양대에 섭니다. 성령님의 얼굴을 구하며 찬양을 드립니다. 내가 곡을 소화하지 않으면 악보를 보게 되고 더듬거리게 되어 듣는 사람도 은혜가 되지 않습니다. 나는 찬양하는 것이 좋고 기쁩니다.

나의 찬양이, 찬양대의 찬양이 하늘에 회오리바람이 되어 올라갑니다. 나의 삶에 거하신 크신 하나님의 사랑을 바라봅니다.

하나님의 크신 사랑이 나를 성장케 합니다.

하나님의 사랑이 여기까지 오게 했습니다.

하나님의 사랑은 성령으로 말미암아 우리에게 부어졌습니다.

"소망이 우리를 부끄럽게 하지 아니함은 우리에게 주신 성령으로 말미암아 하나님의 사랑이 우리 마음에 부은 바 됨이니."(롬 5:5)

성령님은 어떤 분일까요?

성령님은 언제나 나와 함께 하시는 인격자이십니다.

하나님은 구약시대에는 여호와의 말씀으로 우리에게 다가오시고 신약시대에는 예수님을 통하여 우리에게 오셨으며 오늘날은 성령님으로 오셔서 우리와 인격적인 교통을 하십니다. 성령님은 하나님 아버지께서 예수 이름으로 우리에게 보내신 분입니다.

"보혜사 곧 아버지께서 내 이름으로 보내실 성령 곧 그가 너희에게 모든 것을 가르치며 내가 너희에게 말한 것을 생각나게 하시리라."(요 14:26)

찬송가 182장에 '강물같이 흐르는 기쁨'이란 내용이 나옵니다.

"강물같이 흐르는 기쁨 성령 강림함이라. 정결한 맘 영원하도록 주의 거처 되겠네. 나의 생명 소생케 됨은 성령 임하심이라. 모든 의심 슬픔 사라져 주의 평강 넘치네. 하늘에서 단비 내리고 햇빛 찬란함같이 우리 맘에 성령 임하니 주님 보내심이라. 생명 시내 넘쳐흘러서 마른 광야 적시니 의의 열매 무르익어서 추수를 기다리네. 놀라우신 주의 은혜로 그의 얼굴 뵙겠네. 평화로운 안식처에서 영원토록 쉬겠네. 주님 주시는 참된 평화가 내 맘 속에 넘치네. 주의 말씀에 거센 풍랑도 잠잠하게 되도다."

너무나 은혜롭고 좋지 않습니까? 성령님이 강물처럼 넘치는 기쁨을 가지고 우리 안에 실제로 들어와 계신다는 사실이.
"당신은 어느 찬송을 좋아합니까?"라고 물으면 나는 대답이 나오지 않습니다. 왜냐하면 그때그때 좋아하는 찬송이 다르기 때문입니다. 요즈음은 계속 이 찬송가가 맴돕니다.
일주일을 살면서 순간순간 성령님과 함께 합니다. 성령님을 의식하므로 일도 피곤하지 않고 사소하게 화낼 일도 웃음으로 넘기고 기쁨의 생활을 합니다. 성령님 때문에 한없이 행복합니다.

며칠 전에 한 모임에서 내가 막 구워 낸 따끈한 찐빵 같다는 소리를 들었습니다. 그 이유는 내 앞에 성령님을 모시고 나갔기 때문입니다. 기쁨에 찬 모습이 모두에게 찌르르 전달되어 활력이 되었나 봅니다. 성령님은 생기의 영이십니다. 오랫동안 교회를 다니며 하나님을 알아도 다들 삶에 많이 지쳐 있었습니다.

전에는 나도 주인이신 하나님은 뒷전이고 종인 내가 먼저 나서서 생각하고 행동하며 일했습니다. 주위 사람들이 볼 때 나는 일을 잘하는 책임감이 강한 사람 중에 한 사람이었습니다.

그래서 내게는 일이 끊이질 않았고 일복이 많았습니다.

그러나 노력에 비해 결과는 별로였습니다. 마음은 공허하고 사람에게 실망하고 삶에 지쳐 피곤함과 허탈함이 뒤따라온 적이 많았습니다. 언제까지 그런 삶을 되풀이 하고 싶지 않았습니다. 나는 새로운 깨달음을 얻어 성령님을 모시기로 했습니다.

내 안에 계신 주인이신 성령님을 삶의 전반에 모시니 하루하루가 달라짐을 느낍니다. 감각이 살아나고 감성의 싹이 돋아납니다.

사람들과 대화중에도 딱딱한 말소리가 나오려다가도 유연하게 내야 한다고 속에서 조정합니다. 이런 성령님과 가까워지려고 노력한 나의 모습이 다들 신선했나 봅니다. 이 모임은 한 사람 한 사람이 감사한 만남이고 소중한 인연입니다.

이제부터는 성령님의 이끄심에 나 자신을 맡기고 하나님을 알아 가는 것에 더 전념하려고 합니다. 말씀 암송과 기도와 찬송과 예배에 대해 내 가슴이 더욱 뜨거워졌습니다. 나는 고백합니다.

"성령님. 성령님과 이야기를 나누며 늘 교제하고 싶습니다."

당신도 성령님과 인격적인 교제를 나누고 그분을 사랑하십시오. 그러면 삶 전체에 생기가 돌 것입니다. 성령님은 나와 함께 계신 나의 하나님이십니다. 성령님, 사랑합니다.

"네 하나님 여호와를 사랑하고 그의 말씀을 청종하며 또 그를 의지하라. 그는 네 생명이시요 네 장수이시니라."(신 30:20)

성령님은 어린아이들의 마음을 품어주신다

당신은 아이들을 통해 감동을 받습니까?

성령님은 종종 어린아이를 통해 내게 감동을 주십니다.

나는 가급적이면 날짜를 정해 놓고 가정 예배를 하려고 하는데 마음먹은 대로 잘 안됩니다. 그래서 여건이 허락하는 대로 가끔씩 예배하고 있습니다. 그래도 하나님이 기뻐하십니다.

하루는 퇴근하고 집에 오자마자 준비 기도를 했습니다.

예배는 가족이 다 모여야 해서, 나는 빈 시간을 이용해 기도를 먼저 합니다. 6살인 딸은 다른 아이들처럼 엄마 아빠 품이 편하다 보니 어수선할 때도 있고 장난기가 섞여 있을 때도 있고 딴전을 부릴 때도 있습니다. 기도도 쑥스러워 처음엔 큰소리로 하다 점

차 속으로 들어가 버립니다. 그래도 나는 감사했습니다.

그러던 아이가 놀랍게도 예쁜 목소리로 생각지도 않는 말로 기도하고 성경 말씀도 한 구절 한 구절 읽고 찬송도 잘해서 무사히 예배를 마칠 수가 있었습니다. 하나님께서 오셔서 그분의 사랑으로 어린아이의 마음을 안아주시고 태도도 잡아 주시고 예배에 집중시켜 주신 것입니다. 나는 어린아이를 통해 감동을 받았습니다.

하나님, 감사합니다.

"어린 아이들과 젖먹이들의 입으로 권능을 세우심이여."(시 8:2)

당신이 예수를 믿으면 온 집안에 빛이 비췬다

하나님의 사랑은 주위 사람들에게 전달됩니다.

이번 추석에는 우리 집안 여덟 가정이 명절 아침에 예배를 드렸습니다. 본문은 고후 5장 14~19절로 '하나님과 화목'에 관한 말씀이었는데 이 구절이 내 마음을 사로잡았습니다.

"그리스도의 사랑이 우리를 강권하시는도다. 그가 모든 사람을 대신하여 죽으심은 살아 있는 자들로 하여금 다시는 그들 자신을 위하여 살지 않고 오직 그들을 대신하여 죽었다가 다시 살아나신 이를 위하여 살게 하려 함이라. 그러므로 우리가 이제부터는 어떤 사람도 육신을 따라 알지 아니하노라. 비록 그리스도도 육신을 따라 알았으나 이제부터는 그같이 알지 아니하노라."(고후 5:14~16)

매년 명절 예배를 드리지만 오늘은 구원받지 않는 이들, 교회에 다니지 않는 한 사람 한 사람이 더욱 소중하게 여겨졌습니다. 잊지 않고 만남의 축복을 주셨는데 누군 구원받고 누군 구원받지 못한다면 얼마나 슬픈 일입니까?

'우리 하나님 자녀로서 이 땅에서도 천국 복음으로 행복하게 살고 하늘에서도 지금처럼 같이 웃으면서 지내자.'

마음속 외침이 있었습니다. 이들을 위해 울컥하는 마음도 들고 사랑하는 가족, 친지니까 빨리 하나님께 나아오길 기도했습니다.

하나님이 주신 좋은 것을 나누고 싶은데 받지 않는다면 얼마나 애타고 안타까운지 모릅니다. 순간의 선택으로 사망과 영생으로 갈라집니다. 언젠가는 모두 하나님 사랑을 알게 되고 예수님을 영접하여 죄 씻음 받고 교회에 나오리라 믿습니다.

"주 예수를 믿으라. 그리하면 너와 네 집이 구원을 받으리라 하고."
(행 16:31)

처음부터 여덟 가정이 다 믿음이 있는 건 아니었습니다.

하나님은 놀랍게도 해마다 구원받는 가정이 차츰 늘어나게 하셨습니다. 감사한 일이었습니다. 내년 명절 예배에는 모두가 하나님을 믿는 가족이었으면 좋겠습니다. "여기에 있는 사람들이 모두 육신에 이끌려 살지 않고 구원받아 성령님의 인도하심을 따라 살아야 한다"고 성령님이 내게 말씀하시는 것 같습니다. 하나님의 손길과 사랑이 모두에게 향기처럼 전달되어졌습니다.

주일에 예배하러 교회에 가는 것이 기다려진다

당신은 주일날 교회 가는 것이 기다려집니까?

나는 주일에 예배하는 것이 기다려지고 가슴 설렙니다.

시간이 정말 빨리 갑니다. 일주일의 시간이 빨리 가는 것은 내가 놓치는 것이 많은 것 같아 허전하고 이루어 놓은 결과 없이 나이만 먹는 것 같아 안타까워서입니다. 속 알맹이 없이 겉만 지나기는 것 같아 속상하기도 합니다. 하나님 나라를 위해 일한 것이 없는데 오늘도 시간만 흘러갑니다. 그러나 이렇게 빨리 다가오는 시간이 한편으로는 큰 기대감을 가져다줍니다.

교회 가는 주일날은 빨리 왔으면 하고 내심 기다려집니다.

누구나가 어렸을 때 소풍가는 날이 기다려지고 설렌 것처럼 나는 주일날 교회 가는 길이 그렇습니다.

습관적으로 교회에 나가 주어진 시간만 보내고 오진 않습니다. 그렇다고 해서 많은 봉사를 하고 장시간 교회에 있지도 않습니다. 아는 사람보다 모르는 사람이 훨씬 많습니다. 다만 나에게 주어진 시간만큼은 최선을 다해 드리려고 노력합니다. 어떤 양보도 없습니다. 하나님이 기뻐하실 예배를 하기 위해 남들보다 조금 빨리 나가 예배를 준비하고 기도하는 시간이 정말 즐겁습니다.

예배가 시작되면 그 시간만큼은 누구에게도 방해받지 않고 성령님의 임재를 사모하며 그분의 얼굴을 구하고 만나기를 원합니다. 간절히 사모하고 기다립니다. 최대한 집중합니다. 1초도 다른 생각을 안 하려고 합니다. 어떤 모습, 어떤 말씀으로 오실지.

나는 그 시간이 너무나 행복하고 설렙니다. 어느 주일날 "양희야, 내가 네 마음 안다"고 성령님이 음성을 들려주십니다.

"그러므로 형제들아 내가 하나님의 모든 자비하심으로 너희를 권하노니 너희 몸을 하나님이 기뻐하시는 거룩한 산 제물로 드리라. 이는 너희가 드릴 영적 예배니라."(롬 12:1)

남편은 예전에 교회 다니는 시간이 제각각이었습니다.

편리성에 의해 예배 시간이 1, 2부로 조정되어지니 원하는 시간에 교회에 가서 예배만 하고 오는 사람이었습니다. 물론 예배를 안 빠지고 나가는 것만으로도 감사할 일이었습니다.

그런데 어느 순간 하나님께서 남편의 마음을 움직이셔서 성가

대도 같이 하게 하셨습니다. "난 음치야. 난 악보도 볼 줄 몰라" 하며 이 핑계 저 핑계 대던 남편이 일찍 준비해서 같이 찬양대에 섭니다. 1부 예배 준비를 위해 남편과 아이의 도시락을 싸서 우리 가족은 소풍을 교회로 갑니다. 그 시간이 얼마나 귀한지요.

"참으로 감사합니다. 하나님."

성령님이 나를 더 넓은 세계로 인도하고 계신다

당신의 인생은 독수리처럼 비상하고 있습니까?

아니면 참새처럼 제자리만 맴돌며 짹짹거립니까?

오늘은 갑자기 내가 변화되지 않으면 한 발자국도 나아갈 수도 없고 발전할 수도 없다는 생각이 들었습니다. 주저앉고 아무것도 하지 않아 시간만 보내는 지금의 삶이 두려웠습니다.

내 안에 뭔가 꿈틀거리고 있었습니다. 겉으론 아무렇지도 않아도 항상 변화를 주고 싶었습니다. 무디어 가는 현실에서 빠져나오고 싶었습니다. 독수리처럼 하늘 높이 비상하고 싶었습니다.

내 자신의 힘이 아닌 에너지를 뽑아 쓰고 싶었습니다. 어디까지 과연 사용할 수 있는지 시험도 해 보고 싶었습니다. 이런 생각으로 내가 나 자신한테 "뭔가를 해야지" 하며 일상을 깨우기로 했습니다. 더 늦기 전에 후회하지 않을 만큼 뭔가에 미치도록 노력을 해보고 싶었습니다.

직장 일이나 아이를 돌보는 일이나 가정의 주부로서가 아닌 진정한 성령님이 이끄시는 나의 삶에 노를 저어 가고 싶었습니다. 그래서 컴퓨터에 앉아 있는데 유치원생인 아이가 갑자기 내 컴퓨터 자리에 와서 내 얼굴을 빤히 보더니 이렇게 말했습니다.

"엄마, 지금 하나님 만났어?"

생각지도 않는 아이의 질문에 내가 뭐라고 대답했을까요?

내가 성령님을 만나기를 갈망하고 있는 줄 어떻게 알았는지, 내가 딴 생각을 하고 있었으면 부끄럽고 창피할 뻔 했습니다.

성령님이 아이를 통해 말씀하신 것처럼 어린아이가 내 마음을 읽은 것 같아 내심 뜨끔했습니다. 나는 그 자리에서 성령님께 도움을 구하고 있었습니다. 그리고 미소 지으며 이렇게 말했습니다.

"하나님이 이 자리에 계신단다."

오늘도 넓으신 하나님 품에 기대어 성령님께 감사하며 하루를 마감합니다. 성령님이 나를 더 넓은 세계로 인도하고 계십니다.

"성령님! 사랑합니다."

"내가 평안히 눕고 자기도 하리니 나를 안전히 살게 하시는 이는 오직 여호와이시니이다."(시 4:8)

좋은 책을 읽었으면 주위 사람에게 선물하라

당신은 주위 사람들에게 어떤 것을 권합니까?

당신이 좋아하는 것을 권하겠지요? 그렇다면 당신이 좋아하는 것은 어떤 것입니까? 우리는 흔히 좋은 옷, 유기농 식품, 좋은 영화, 좋은 드라마, 편리한 전자제품, 주방용품, 새로 나온 화장품, 차를 잘 고치는 카센터, 좋은 상품, 취미 생활, 친절한 사원, 좋은 장소 등을 만나면 이웃에게 권합니다.

나도 권하는 것이 있습니다. 무엇일까요? 좋은 책입니다.

나는 좋은 책을 만나면 주위 사람들에게 권합니다. 너무 좋기 때문에 가만히 있을 수가 없습니다. 며칠 전에 하나님께서 내게 좋은 책과 만남의 복을 주셨습니다. 영적 갈급함을 찾다 만난 책이라 좋아서 연거푸 세 번째 읽었습니다. 아마도 더 읽고 읽다 외울 줄도 모르겠다는 생각을 했습니다.

성령님이 어떤 사람을 통해 쓰게 하신 글은 독자인 나를 멈출 수 없게 합니다. 읽는 동안 좋은 책과의 만남이 행복하고 부요하고 기뻤습니다. 그래서 읽는 중에 권하기도 하고 네 권을 사서 지인에게 선물했습니다. 일부는 전도용으로도 나눠 주었습니다.

나는 책을 선물한 후에 성령님이 일하시기를 기대합니다.

"나머지는 하나님께 맡깁니다. 저 영혼을 구원해 주십시오."

좋은 책과의 만남은 나에게 이렇게 전도할 수 있는 힘을 줍니다. 좋은 인연도 나에게 소중하지만 좋은 책과의 만남은 나로 하여금 마음의 부자가 되게 하고 삶 전체에 풍성함을 더해 줍니다.

내 마음이 부자 되니 나누어 주고 싶은 마음이 더 듭니다.

당신도 좋은 책을 만나면 혼자만 읽지 말고 주위에 권하십시오. 지인에게 선물도 하고 전도용으로 사용하십시오. 사람들이 길거리에서 나눠주는 전단지는 버리지만 책은 버리지 않습니다. 책은 집에 가져가서 읽고 가족이 돌려봅니다. 이사 갈 때도 가져갑니다. 여행갈 때도 가방에 넣어 다닙니다. 전철이나 카페에서, 집안 거실이나 도서관에서도 읽습니다. 성령님은 책을 통해 사람들에게 많은 깨달음을 주시고 때론 책망도 하십니다. 그래도 사람들은 책을 통한 성령님의 책망을 받아들입니다. 이처럼 성령님과 책에는 엄청난 힘이 있습니다. 당신도 책을 쓰십시오.

하루는 딸에게 물었습니다.

"민주야, 엄마가 야단쳐도 엄마가 좋니?"

"응, 좋아요"

"왜 좋아?"

"엄마 마음을 아니까요."

성령님, 이런 예쁜 딸이 있어 기쁩니다.

나도 나의 마음을 알고 완전히 믿는 성령님 안에 거하고 싶습니다. 그래서 때론 성령님이 나를 책망하셔도 성령님이 좋습니다.

당신도 성령님을 사랑하십시오. 그분은 좋은 분이십니다.

성령님, 정말 제 마음이 기쁩니다.

"나의 책망을 듣고 돌이키라, 보라 내가 나의 영을 너희에게 부어 주며 내 말을 너희에게 보이리라."(잠 1:23)

성령님과 대화하는 것이 가장 큰 복이다

하나님께 기도하는 것이 얼마나 큰 복인지 아십니까?

하나님은 나에게 기도의 복을 주셨습니다. 기도는 하나님과 대화하는 것인데 이처럼 기도하는 복보다 더 큰 복이 세상에 어디 있겠습니까? 예수님도 기도하실 때에 용모가 변화되었습니다.

"기도하실 때에 용모가 변화되고 그 옷이 희어져 광채가 나더라." (눅 9:29)

지금 우리에게는 아버지의 영이자 예수의 영이신 성령님이 함께 계십니다. 기도는 나의 입술이 성령님과 대화하는 것입니다.

나에게 '성령'이라는 단어는 어렸을 적부터 들어왔기 때문에 거

부감이 없이 친근합니다. 항상 입술로 외치고 나의 요청에 의해 구했던 단어입니다. 그런데 이렇게 친근한 성령님을 내 안에 인격적으로 존중히 모시지는 못했습니다. 어렸을 때부터 교회는 다녔는데 성령님을 모시는 삶을 내 인생 전반에 걸쳐 적용하지는 못했던 것 같습니다. 막연히 말씀에 있는 단어, 특별한 사람이나 부흥강사님에게만 속한 성령님, 제 3자로 치부했던 것 같습니다.

왜 이제야 깨달았는지, 그동안 왜 몰랐을까, 마음이 울컥합니다. 일 더하기 일은 이(1+1=2)라는 것은 어렸을 적부터 익히면서 왜 정말 중요한 것은 몸에 익히지 않고 놓치고 살았는지.

몇 년을 교회 다니면서 왜 터득하지 못했을까요?

처음부터 성령님을 모시고 살았더라면……

이전에는 내가 간구할 때만 성령님이 나에게 찾아오시고 응답해 주셨습니다. 내가 필요할 때만 성령님을 찾았던 것입니다.

반쪽만 갖고 있었다는 것을 떨칠 수가 없습니다.

"성령을 소멸치 말며."(살전 5:19)

성령을 소멸치 않고 계속 유지해야 하는데 그것을 깨닫지 못했습니다. 아니 어쩌면 내 옆에 항상 성령님이 계셨는데 내가 그것을 모르고 내 자아가 주인 행세하여 앞서서 일방통행으로 살았는지 모릅니다. "너무 늦은 건 아니지요? 성령님."

한 발만 성령님께 다가간 삶, 이제 두 발 다 푹 젖을 정도로 성령님 안에서 뛰어다니고 싶습니다. 내가 성령님을 모시고 산다고 해서 신령한 것만 추구한다고 생각하면 옳지 않습니다. 단지 성령님이 우리와 똑같이 인격을 가지고 계신 분이라는 것을 잊고 살았다는 것입니다. 이제는 성령님의 얼굴을 보며 살고 싶습니다.

"너희는 내 얼굴을 찾으라 하실 때에 내가 마음으로 주께 말하되 여호와여 내가 주의 얼굴을 찾으리이다 하였나이다."(시 27:8)

크고 작은 모든 문제들에 대해 하나하나 성령님께 묻고 응답받기를 원합니다. 나의 중추신경과 온 감각이 성령님의 음성에 즉각 반응하여 행동으로 나타내며 살고 싶습니다. 성령님과 친밀하게 대화하면서 인격적으로 교제하며 살고 싶습니다. 나의 주인님이신 성령님께 순종하며 살고 싶습니다.

성령님을 나의 주인님으로 모시고 살고 싶습니다.
성령님과 내가 함께 호흡하고 교통하는 한 몸이고 싶습니다.
성령님을 생명 다해 애인처럼 사랑하고 싶습니다.

나와 인격적인 만남이 늦었지만 더 뜨겁게 오랫동안 인격적으로 존중히 모시고 살아가고 싶습니다. 성령님께 항상 도움을 구하며 살고 싶습니다. 사랑하는 나의 성령님, 앞으로 내 기억 속을 성령님의 임재하심과 일하심으로 꽉 채우게 하소서.
나는 자녀에게 성령님을 모시고 살아야 한다는 것을 가르치려고 합니다. 성령님과 대화해야 한다는 것을 일찍 알려 주려고 합니다. 성령님, 제 아이에게도 일찍 찾아 오셔서 주인으로 친구로 대화해 주시기를 부탁드립니다. 아멘.

나의 눈은 성령님의 얼굴을 구하고
나의 코는 성령님의 향기를 맡으며
나의 입은 성령님을 찬송하고
나의 귀는 성령님의 음성을 듣고
나의 얼굴은 성령의 빛이 넘치는 환한 얼굴이고
나의 감각은 성령님께 즉각 반응하고
나의 가슴은 성령님의 희로애락을 느끼고
나의 손은 성령님의 음성을 따라 대접하고 섬기며
나의 발은 성령님과 함께 뛰는
나의 몸은 거룩한 하나님의 성전입니다.

인간이 신이신 성령님과 대화한다는 것, 이것만큼 큰 복은 없습니다. 당신도 범사에 성령님을 존중히 모시기 바랍니다.

"내가 여호와를 항상 내 앞에 모심이여, 그가 나의 오른쪽에 계시므로 내가 흔들리지 아니하리로다."(시 16:8)

안 좋은 일이 생겨도 성령님께 감사하라

당신은 언제 감사하십니까?

좋은 일이 있을 때만 감사하지 않습니까?

하나님은 나에게 모든 일에 감사하는 복을 주셨습니다.

오늘 아침에 휴대폰을 집에 놓고 출근했습니다. 휴대폰은 요즘 우리의 몸에 지니는 필수품으로 다가왔습니다. 꼭 필요한 일, 전달 사항, 급한 용무가 휴대폰으로 다 옵니다. 모든 전화번호가 거기에 저장되어 있고 은행 업무, 길을 안내하는 내비게이션, 스케줄, 일상적인 내용의 메모와 포인트 적립 카드, 시계까지 휴대폰 안에 다 있습니다. 안 가지고 있으면 허전하고 불편하고 어디서 전화 올까 불안하고 없어서는 안 될 부착물이 되었습니다.

이런 내 분신처럼 된 휴대폰을 놓고 오다니.

'성령님. 어떻게 합니까?'

얼마 지나지 않아, 남편을 통해 출근길에 사무실로 전달되었습니다. '성령님은 사소한 것도 그냥 지나치시지 않는군요.'

"성령님. 감사합니다. 매일 억만 번이나 감사합니다."

우리는 좋은 일만 아니라 안 좋은 일이 생겨도 감사해야 합니다. 이것이 범사에 감사한다는 의미입니다.

"항상 기뻐하라, 쉬지 말고 기도하라, 범사에 감사하라, 이는 그리스도 예수 안에서 너희를 향하신 하나님의 뜻이니라."(살전 5:16~18)

예수님의 죄 씻음으로
구원 받은 나는 성령 안에서
나의 자아를 다 내려놓습니다.

성령님은 빈 의자에 앉으시고
내 인생을 진두지휘하십니다.

나는 내 안에 주님을 모시고
나의 삶은 주님 안에 거합니다.

주님은 나를 빛으로 인도하십니다.
나는 나의 속한 현실을 뛰어 넘습니다.
성령님의 능력이 나를 감싸면
내게 지혜와 지식, 총명이 생깁니다.
모든 일에 감사가 생깁니다.

나는 예수 그리스도의 이름을 부르며
힘차게 앞으로 나아갑니다.

당신은 힘들 때 누구에게 부탁합니까?
나는 사람들한테 부탁할 줄도 모르고 아쉬운 소리는 전혀 못합니다. 그래서 오직 나의 하나님께만 부탁하고 필요한 것을 요구하고 간구합니다. 하나님 앞에서 나는 자존심을 버리고 무릎을 꿇습니다. 건강도, 믿음도, 영혼 구원도, 경제적인 부도, 나의 필요한 모든 것을 간구합니다. 하나님과 마음을 나누는 것도 친구에게 하듯 합니다. 나는 하나님만 의지합니다.
친구랑 벤치에 앉아 이야기를 하고 있는데 참새 한 마리가 날다 벽에 부딪혀 떨어졌습니다. 가까이 가 보니 가냘픈 발을 가지고 있는 이제 막 날기 시작하는 아기 참새입니다. 날지 못하고 힘없이 죽어 가고 있었습니다. 이 아기 참새도 생명인지라 내 마음에 안타까움이 앞섭니다. 움직이지 않자 이러지도 저러지도 못한 채 아기 참새는 잊고 친구랑 이야기 삼매경에 빠졌습니다. 그런데 갑자기 아기 참새가 푸드덕, 날아 어디론가 사라졌습니다.

너무 다행이었습니다. 아기 참새는 비행이 처음이라 벽에 부딪쳐 기절한 것입니다. 참새 한 마리까지도 하나님이 돌보십니다. 그런 하나님이 하물며 당신을 돌보지 않으시겠습니까?

"공중의 새를 보라, 심지도 않고 거두지도 않고 창고에 모아들이지도 아니하되 너희 하늘 아버지께서 기르시나니 너희는 이것들보다 귀하지 아니하냐?"(마 6:26)

성령님이 함께하면 두려움은 사라지고 빛이 보입니다.
성령님이 함께하면 악한 생각을 지우고 좋은 기운으로 가득 찹니다. 성령님이 함께하면 그분이 내 말에 귀를 기울이고 응답하심으로 어떤 문제도 해결됩니다. 성령님이 함께하면 큰일도 작게 여겨 멀리 보이게 합니다. 성령님이 함께하면 작고 부족한 나도 기름 부음을 가득 채우셔서 큰 사람으로 쓰십니다.

성령님이 함께하면 갈 길 몰라 할 때 나의 길을 인도하십니다.
성령님이 함께하면 그분이 내 아픔도 돌보십니다.
성령님이 함께하면 나의 필요를 좋은 것으로 채워 주십니다.
성령님이 함께하면 나는 나의 꿈을 향해 비상합니다.
성령님이 함께하면 내 꿈이 현실이 됩니다.

성령님이 함께하면 보이지 않는 세계도 막히지 않고 평탄케 됩니다. 성령님이 함께하면 오늘의 행복이 향기 되어 미래까지 날아갑니다. 성령님이 함께하면 한 생명도 소중히 여기며 복음 들고 나아갑니다. 성령님이 함께하면 나는 작디작은 성령님의 심부름꾼입니다. 성령님은 내 삶의 의미이고 활력을 주며 기쁨이 넘치게 하고 나의 힘이 되십니다. 성령님, 사랑합니다.

우리 엄마는 전도왕이었다

당신은 엄마에 대한 좋은 기억이 있습니까?

나는 어릴 때 엄마를 따라 교회에 가서 예수님을 만났습니다.

내가 네 살 때, 오빠들이 사당동의 서울세광교회 담 밑에서 놀고 있었습니다. 한 선생님이 철조망 사이로 건네준 사탕을 받은 후 오빠들은 교회에 다니기 시작했습니다. 엄마는 자식들이 즐겁게 다니는 교회가 어떤 곳인지 알아보려고 나섰습니다. 그게 교회에 처음 나오게 된 동기였습니다. 오빠들이 엄마를 전도했고 엄마가 어린 나를 전도해 데리고 교회에 갔습니다.

몇 년 후, 엄마가 외할머니와 아버지를 전도했고 할머니는 친척들을 전도했습니다. 엄마는 엉덩이를 깔고 앉는 곳이면 예수님을 전했고 본인의 삶이 어떻게 바뀌었는지 이야기하셨습니다. 그리고 때마다 할머니가 보내 준 강원도 농산물들을 주변에 있는 어려운 이웃에게 나눠 주곤 하셨습니다. 엄마는 전도왕이었습니다.

내가 중학생 무렵, 교회 사람들이 우리 집으로 자주 왕래했는데 골방에 들어가 엄마와 함께 기도를 하고 갔습니다. 하나님이 엄마에게 예언의 은사를 주셨던 것입니다. 기도를 받은 사람들은 예언을 통해 마음에 힘을 얻고 무척 고마워했습니다.

그러나 어느 날부터인가 엄마가 교회에 가면 주위를 둘러보면서 불편해 하셨습니다. 엄마가 다른 사람들을 위해 기도해 주고 있다는 소문이 나자 시기 질투하는 사람들이 생겨났고 그들이 엄마를 헐뜯기 시작했기 때문입니다. 어릴 때 그렇게 엄마의 가슴을 울렸던 기억은 오늘날 내게 좋은 결단을 하게 만들었습니다.

"하나님, 저는 하늘 아래 사람을 두려워하지 않을 것입니다. 저를 마음껏 쓰세요. 왜냐하면 하나님께서 제일 위에 계신 분이기 때문입니다. 저는 하나님만 경외합니다."

나도 엄마를 따라 전도왕의 길을 걷기로 했습니다.
당신도 이 책을 읽고 전도왕이 되기 바랍니다.

"오직 성령이 너희에게 임하시면 너희가 권능을 받고 예루살렘과 온 유대와 사마리아와 땅 끝까지 이르러 내 증인이 되리라."(행 1:8)

나는 엄마에게 믿음의 유산을 물려받았다

당신은 어릴 때 어떤 엄마의 모습이 기억됩니까?

공부하는 엄마, 요리하는 엄마, 청소하는 엄마, 운전하는 엄마, 장사하는 엄마, 사업하는 엄마 등 많은 모습이 있지만 가장 아름다운 것은 다름 아닌 '전도하는 엄마'의 모습입니다.

그것이 지금도 내 가슴에 가장 깊이 남아 있습니다. "많은 사람을 옳은 데로 돌아오게 한 자는 별과 같이 영원토록 빛나리라"(단 12:3)는 말씀처럼 엄마는 별과 같이 영원토록 빛날 것입니다.

엄마에게 감사한 것은 믿음의 유산을 물려주셨다는 것입니다.

나는 어릴 때부터 엄마의 전도하는 모습을 보고 자랐습니다.

나도 엄마처럼 전도하기 시작해서 초등학교 5학년 때는 다섯

명을 전도했다고 전도상을 받았습니다. 30대에는 엘리베이터 안에서 만나는 사람마다 "예수님 믿으세요"라고 소심하게 전도했지만 40대에는 일곱 살 아들과 복음만화 전도지로 3만 명 이상에게 복음의 씨앗을 뿌렸습니다. 하나님께 "정말 고맙다"고 칭찬받아 무척 기뻤습니다. 전도는 하나님이 가장 기뻐하시는 일입니다.

예수님도 이 땅에 전도하러 오셨습니다. 예수님은 전도를 가장 귀한 일로 여기셨습니다. 그분이 제자들에게 말씀하셨습니다.

"우리가 다른 가까운 마을들로 가자 거기서도 전도하리니 내가 이를 위하여 왔노라 하시고 이에 온 갈릴리에 다니시며 그들의 여러 회당에서 전도하시고 또 귀신들을 내쫓으시더라."(막 1:38~39)

세월호 사건 이후에는 매일 전도에 도전했습니다.

열두 살이 된 큰아들과 늦둥이 세 살 아이와 함께 길병원에서는 건빵 전도를, 크리스마스 때는 한 선교회에서 지원받은 예수님의 생애를 담은 만화책 1000권을 초등학교와 중학교 앞에서 나눠줬습니다. 또한 지인이 지원한 식물성유황 시가 1600만 원어치를 100명에게 전도 선물로 나눠주었습니다. 이렇게 나의 행복한 전도 이야기는 계속되고 있습니다. 당신도 전도하십시오.

전도는 해도 되고 안 해도 되는 것이 아닙니다. 성령을 받은 사람은 누구나 당연히 해야 하는 사명인 것입니다. 부활하신 예수님은 제자들에게 온 천하에 다니며 만민에게 복음을 전하라고 명령하셨습니다. 또한 전도할 때 큰 능력이 나타난다고 하셨는데 그것이 곧 믿는 자들에게 따르는 표적입니다.

   "또 이르시되 너희는 온 천하에 다니며 만민에게 복음을 전파하라. 믿고 세례를 받는 사람은 구원을 얻을 것이요 믿지 않는 사람은 정죄를 받으리라. 믿는 자들에게는 이런 표적이 따르리니 곧 그들이 내 이름으로 귀신을 쫓아내며 새 방언을 말하며 뱀을 집어 올리며 무슨 독을 마실지라도 해를 받지 아니하며 병든 사람에게 손을 얹은즉 나으리라 하시더라. 주 예수께서 말씀을 마치신 후에 하늘로 올려지사 하나님 우편에 앉으시니라. 제자들이 나가 두루 전파할 새 주께서 함께 역사하사 그 따르는 표적으로 말씀을 확실히 증언하시니라."(막 16:15~20)

지금 죽어도 천국 간다는 확신이 있는가?

　당신은 지금 죽어도 천국에 간다는 구원의 확신이 있습니까?

　나는 지금 죽어도 천국에 간다는 구원의 확신이 있습니다. 왜 이런 말을 하냐고요? 놀랍게도 구원의 확신이 없는 사람들이 너무나 많다는 것을 알았기 때문입니다. 구원의 확신이 없는데 어떻게 전도하겠습니까? 어떻게 목회하고 선교하겠습니까?

　구원의 확신 없이 의사나 약사, 판사나 검사처럼 전문직을 갖겠다고 신학교에 가서 목사가 되려는 사람도 있습니다. 절대로 그러면 안 됩니다. 하나님이 목회자로 부르신 자만 주의 종이 되어야 합니다. 당신도 이 책을 통해 꼭 자신을 점검하기 바랍니다.

　예수 그리스도가 내 안에 실제로 살아 계신다는 사실을 확실히 알고 주의 종의 길을 가야 합니다.

"너희는 믿음 안에 있는가 너희 자신을 시험하고 너희 자신을 확
증하라. 예수 그리스도께서 너희 안에 계신 줄을 너희가 스스로 알지
못하느냐 그렇지 않으면 너희는 버림 받은 자니라."(고후 13:5)

당신은 지금 예수를 구주로 믿고 있습니까? 그러면 이렇게 말
하십시오. "예수 그리스도가 내 안에 실제로 살아 계신다."

내가 한 신학대학에서 '전도신학'에 대해 수업을 받던 중이었습
니다. 교수님은 주로 목회자를 대상으로 성경을 강해하는 분이었
는데, 한 가지 놀라운 일화를 이야기하기 시작하셨습니다.

"며칠 전 한 모임에서 200여명의 목회자에게 강의하고 있었어
요. 그런데 성령님께서 갑자기 '여기 있는 사람들의 구원의 확신
에 대해 점검하라'고 하시는 것이에요. '어! 하나님, 여기 수업 받
는 사람들은 목회자들인데요?' '내가 잘못 들었나?' 하고선 계속
강의하는데 또 '구원의 확신에 대해 점검하라'는 음성이 들려왔어
요. 그래서 할 수 없이 순종하는 마음으로 말했지요. '이 중에 구
원의 확신이 있는 분 손들어 보세요'라고 했더니 달랑 세 명이 손
들었어요. 그래서 나는 '어! 내 말을 잘못 들었나?' 하고는 '질문
을 다시 할게요. 오늘 내가 이 자리에서 죽으면 바로 천국에 갈
수 있다고 믿는 분은 손을 드세요'라고 하자 아까랑 똑같이 세 명
만 손들었어요. 여러분, 놀랍지 않나요?"

"오! 마이 갓."

그 얘기를 듣고 나도 모르게 내 입에서 탄성이 흘러 나왔습니다. 나는 내 귀를 의심했습니다. 일반 성도들에게 질문한 것도 아니고 목회자를 대상으로 질문한 것의 결과였기 때문입니다.

'목회자의 대답이 이렇다면 그 아래서 가르침 받는 성도들은 어떻게 되는 거지?'

그 교수님도 똑같은 생각이 제일 먼저 들었다고 했습니다.

교수님은 학생들에게 이렇게 말했습니다.

"우리는 오늘 또 잘못을 저지를 수 있어요. 하지만 우리는 죄가 없어요. 단순히 실수를 한 것뿐이죠. 사탄이 속삭이며 참소하거든 '그래, 나 실수했어. 그래도 나 구원받았거든. 네가 뭔데? 하나님도 나를 죄 없다고 하셨어. 저리 꺼져!'라고 말하세요. 그러나 방종은 하지 마세요. 실수한 것이 있으면 회개하세요. 우리는 우리의 모든 죄를 짊어지고 십자가에서 피 흘려 죽으신 하나님의 아들 예수 그리스도를 믿음으로 모든 죄를 사함 받고 의롭게 된 것입니다. 내가 약해서, 죄를 지어서 덜 깨끗하다고 생각하는 것은 하나님의 의보다 자기의 의를 더 높이 내세우는 것이고 예수 그리스도의 십자가의 죽음의 귀한 값어치를 땅에 내동댕이치는 것임을 알아야 합니다. 우리는 예수님의 보혈을 의지해서 천국에 넉넉히 들어갑니다."

나 역시도 20대 초반에 이런 질문을 받았던 게 떠올랐습니다.

청년부 성경공부 모임에서 한 전도사님이 내게 질문했습니다.

"현선 자매는 구원의 확신이 있나요?"

"네."

"그런데, 현선 자매가 오늘 밤에 죄를 지었어요. 그러면 과연 천국에 갈 수 있을까요?"

나는 속으로 이렇게 생각했습니다.

'이거 뭐야? 좀 전까진 갈 수 있었는데 갑자기 못 가게 됐네.'

다른 청년들의 얼굴을 바라봤습니다. 모두들 고개를 갸우뚱거렸습니다. 정답을 모르는 눈치였습니다.

"글쎄요. 천국에 가긴 가야 되는데 갈 수 있나요?"

그러자, 전도사님이 우리에게 명쾌한 답을 해주셨습니다.

"예수 그리스도가 십자가에 달려 죽으시므로 우리의 죄를 대속했지요. 그것은 한 번의 사건이지만 그것으로 인해 과거와 현재 그리고 미래의 죄까지 다 용서 받은 거예요. 예수님의 보혈이 우리의 모든 죄를 깨끗이 씻어 주신 것이지요. 죄 값을 이미 다 치러 주셨으니 우리는 더 이상 죄인이 아니에요. 그리스도 안에서 우리는 의인입니다. 생활에서 지은 죄는 하나님과 우리의 인격적인 관계 문제이므로 그때마다 회개하고 행실을 돌이키면 됩니다. 하나님께서 '예수를 믿는 추현선은 죄 없다'고 인치셨습니다."

"또 미리 정하신 그들을 또한 부르시고 부르신 그들을 또한 의롭다 하시고 의롭다 하신 그들을 또한 영화롭게 하셨느니라."(롬 8:30)

그렇습니다. 하나님은 예수 믿는 당신을 구원하셨습니다.

첫째, 당신을 구원하기로 창세전에 미리 정하셨습니다.

둘째, 당신을 구원하기 위해 전도자를 통해 부르셨습니다.

셋째, 당신이 예수를 구주로 믿는 순간 의롭게 하셨습니다.

넷째, 당신에게 성령을 부어 주시므로 영화롭게 하셨습니다.

예수를 구주로 믿는 사람은 영생을 가졌습니다.

"진실로진실로 너희에게 이르노니 '믿는 자는 영생을 가졌나니' 내가 곧 생명의 떡이니라."(요 6:47)

생명의 떡이신 예수님이 당신 안에 가득히 계십니다.

이제 구원의 확신이 생겼나요? 그럼 나가서 만나는 사람에게 예수 그리스도 복음을 전하십시오. 그것이 하나님 나라와 의를 구하는 것입니다. 하나님은 전도자인 당신을 통해 창세전에 구원하기로 미리 정하신 자들을 구원의 길로 부르십니다.

세상에서 가장 아름다운 발은 전도자의 발입니다.

"보내심을 받지 아니하였으면 어찌 전파하리요 기록된바 '아름답도다. 좋은 소식을 전하는 자들의 발이여' 함과 같으니라."(롬 10:15)

전도하기 위해 시간과 비용을 아낌없이 투자하라

일단 전도하겠다고 마음 먹으라

당신은 전도하겠다고 마음먹은 적이 있습니까?

어떻게든 전도하겠다고 마음먹어야 전도하게 됩니다.

우리 교회의 '총동원 전도축제주일'이 한 달 뒤로 다가왔습니다. 나는 개인적으로 매일 전도에 도전하기로 마음먹었습니다. 이제 남은 시간은 한 달 뿐이었습니다. 아들 형빈이와 사탕을 가지고 학교 앞과 지하철역에서 하루 2시간씩 매일 전도했습니다.

주일 오후에도 거르지 않고 전도를 했습니다.

'형빈아, 넌 내 아들이기 이전에 하나님께서 보내신 전도 동역자야. 하늘에서 큰 상이 분명히 있을 거야. 우리 열심히 하자.'

"하나님, 저에게 복음의 열정을 주신 것에 진짜 감사해요. 전도할 때 제 마음이 정말 행복해요. 하나님께서 주신 넘치는 기쁨과 평안으로 하루하루가 감사해요."

동네 전도에 대한 전략을 세우라

하루는 전도지 2000장을 만들어 하루 종일 초등학교 앞에서 전도할 계획을 세웠고 수업이 끝나는 시간에 맞춰 도착했습니다.

'아이고, 한 발 늦었다.' 그날은 단축 수업으로 일찍 수업이 끝난 탓에 겨우 300명의 아이들만 만날 수 있었습니다.

'어떻게 하지? 전략을 수정해야겠구나. 어디로 갈까? 그래, 교회 주변 일대를 공략하자.'

우리 교회 주변에는 아파트와 빌라촌이 많았습니다. 고층 새 아파트에는 복음만화 전도지를 우체통에 넣었고, 5층짜리 오래된 아파트와 빌라촌에는 집집마다 오르내리며 현관문에 스티커 전도지를 붙였습니다. 계단에서 선포 기도를 하고 길을 걸어 다닐 때는 찬양을 불렀습니다. 여름 한낮 따가운 햇볕이 이마에 부딪쳤습니다. 혼자라도 할만 했습니다. 성령님이 함께하시기에……

전교인이 전도에 동참하게 하라

나는 모든 성도들과 함께 전도하고 싶었습니다.

'전교인이 전도에 동참하게 할 수 있는 방법은 없을까?'

성도 한 명당 다섯 장씩 전도지를 나눠주기로 했습니다.

"집에 가면서 만나는 사람들에게 주세요. 정 용기가 안 생기면 집집마다 우편함이 있으니 거기에 하나씩 넣으세요."

전 교인에게 전도지를 주기 위해 사탕 끼운 만화 전도지 5천 장을 몇 명의 성도들과 함께 며칠에 걸쳐 만들었습니다. 유치부 교사들에게 도움을 청해서 예배를 마친 후에 내려오는 양 통로에 서서 사탕 세 개와 함께 사탕 끼운 전도지를 나눠 주었습니다.

"이 사탕은 드셔도 돼요. 그렇지만 전도지에 꽂혀진 사탕은 빼서 먹지 말고 전도지와 함께 다른 사람에게 주세요."

나는 마음으로 간절히 기도했습니다.

'하나님, 보셨지요? 모든 성도에게 전도의 기쁨을 주세요.'

또 한 번은 권사님 한 분과 함께 복음 만화 전도지에 사탕 1개씩 달아맸습니다. 3일 동안 작업해 2500장을 완성했습니다. 그 다음날, 영아부 교사들과 함께 전도하러 나가 학교 앞에서 2시간 동안 모두 나눠주었습니다. 전도를 마치고 뒷정리하는데 땅바닥에 나뒹굴어 짓밟혀진 전도지가 200장쯤 되어 보였습니다.

정리를 도와주시던 전도사님께서 안타까워하셨습니다.

"어떻게 해. 이렇게 버려져서. 아유! 아까워라. 집사님 돈도 많이 들었을 텐데."

"아니에요. 이 정도면 아주 양호한 편인걸요."

나는 속으로 하나님께 기도했습니다.

'하나님, 한 영혼이 천하보다 귀하다고 하셨는데 이 전도지들로 인해 한 명이라도 구원을 받는다면 저는 그걸로 충분해요.'

전도하는데 시간과 비용을 아끼지 마라

당신은 전도하는데 무엇을 아깝게 여깁니까?

한 영혼을 구원하기 위해서라면 어떤 시간과 비용도 아깝지 않습니다. 나는 그동안 전도지를 통해 많은 사람에게 전도했지만 이제는 한 단계 더 뛰어올라 책을 통해 전도합니다.

전단지는 버리지만 책은 버리지 않습니다.

책은 두고두고 줄 그어 가며 읽습니다. 책은 온 가족이 읽습니다. 이사 갈 때 신문과 잡지는 버려도 책은 다 가져 갑니다.

책에는 내가 예수를 믿고 구원 받은 이야기를 마음껏 담을 수 있습니다. 사람들은 집안 거실에서, 도서관 책상에서, 비행기와 기차와 전철 안에서 책을 읽고 변화됩니다. 책 전도는 하나님이 6000년 동안 변함없이 행하신 최고의 전도 방법입니다.

성경책 기록은 끝났지만 성경 말씀을 통해 변화된 나 자신의 삶과 깨달음을 책에 담아 우리 시대에 맞게 포장해서 출간하면 그 책을 읽고 많은 사람이 예수를 영접하게 되고 성령님과 교제를 나누게 되고 기도 응답을 받게 되고 하나님께 헌신하게 됩니다.

책은 내 분신이 되어 전국과 세계를 다니며 사람들을 만나고 내 대신 전도합니다. 모세와 수많은 선지자들은 육체를 가진 인간으로서 한계가 있었지만 그들은 모두 책을 써냈습니다. 베드로와 요한, 바울도 육체를 가진 인간으로서 한계가 있었지만 그들도 모두 책을 써냈고 그 책이 수백억 명의 영혼을 전도했습니다.

책 전도와 책 선교에는 엄청난 힘이 있습니다.

"책은 천년 동안 남고 가문의 영광입니다. 책은 나의 분신이 되어 내 대신 전국과 세계를 다니며 전도하고 선교하고 상담하고 가르치고 제자 삼고 수많은 인생을 바꿉니다. 책 전도와 책 선교가 가장 긴급하고 중대한 일입니다. 책을 한 권 써내는 것은 내 대신 목숨 걸고 복음을 전하는 선교사 수천 명을 파송하는 것과 같습니다."

당신도 책 전도와 책 선교를 하십시오.

"책에 써서 후세에 영원히 있게 하라."(사 30:8)

나는 하나님 앞에서 전도하고 찬양한다

당신은 전도가 무엇이라고 생각합니까?

나는 전도에 대해 이렇게 정의를 내렸습니다.

"전도는 우리 대신 십자가에서 피와 땀과 눈물을 흘리며 죽으시고 부활하신 하나님의 아들 예수님의 사랑을 전하는 것이다. 전도는 잃은 양을 찾아 주님께로 데려가는 것이다."

예수님은 전도는 잃은 양을 찾는 것이라고 말씀하셨습니다.

"너희 중에 어떤 사람이 양 백 마리가 있는데 그 중의 하나를 잃으면 아흔아홉 마리를 들에 두고 그 잃은 것을 찾아내기까지 찾아다니지 아니하겠느냐 또 찾아낸즉 즐거워 어깨에 메고 집에 와서 그 벗과 이웃을 불러 모으고 말하되 나와 함께 즐기자 나의 잃은 양을 찾아내었노라 하리라. 내가 너희에게 이르노니 이와 같이 죄인 한 사람이 회개하면 하늘에서는 회개할 것 없는 의인 아흔아홉으로 말미암아 기뻐하는 것보다 더하리라."(눅 15:4~7)

잃은 양을 찾았을 때 하나님 아버지가 가장 기뻐하십니다.
전도하는 것은 하나님 아버지께 효도하는 것입니다.
전도하는 것은 하나님 아버지께 순종하는 것입니다.

어떻게 하면 전도가 가능할까요?

첫째, 전도할 문을 열어 달라고 기도해야 합니다.

"또한 우리를 위하여 기도하되 하나님이 전도할 문을 우리에게 열어 주사 그리스도의 비밀을 말하게 하시기를 구하라. 내가 이것을 인하여 매임을 당하였노라."(골 4:3)

둘째, 한번 구했으면 전도의 문이 열려 있다고 믿어야 합니다.

"볼지어다. 내가 네 앞에 열린 문을 두었으되 능히 닫을 사람이 없으리라."(계 3:8)

셋째, 예수님이 십자가에서 피와 땀과 눈물을 쏟으며 값을 지불하고 "다 이루었다"(요 19:30)고 하신 '예수님이 십자가에서 다 이룬 복음의 비밀'을 알려야 합니다.

"또 나를 위하여 구할 것은 내게 말씀을 주사 나로 입을 벌려 복음의 비밀을 담대히 알게 하옵소서 할 것이니."(엡 6:19)

넷째, 표적과 기사가 나타나기를 사모해야 합니다.

"주여, 이제도 저희의 위협함을 하감하옵시고 또 종들로 하여금 담대히 하나님의 말씀을 전하게 하여 주옵시며 손을 내밀어 병을 낫게 하옵시고 표적과 기사가 거룩한 종 예수의 이름으로 이루어지게 하옵소서 하더라. 빌기를 다하매 모인 곳이 진동하더니 무리가 다 성령이 충만하여 담대히 하나님의 말씀을 전하니라."(행 4:29~31)

다섯째, 부드러운 마음으로 전도해야 합니다.

"너희 마음에 그리스도를 주로 삼아 거룩하게 하고 너희 속에 있는 소망에 관한 이유를 묻는 자에게는 대답할 것을 항상 예비하되 온유와 두려움으로 하고."(벧전 3:15)

여섯째, 순간마다 성령님을 의지해야 합니다.

"너희를 넘겨줄 때에 어떻게 무엇을 말할까 염려치 말라. 그때에 무슨 말할 것을 주시리니 말하는 이는 너희가 아니라 너희 속에서 말씀하시는 자 곧 너희 아버지의 성령이시니라."(마 10:19~20)

일곱째, 전도했으면 결과는 주님께 맡겨야 합니다.(민전결주)

"이방인들이 듣고 기뻐하여 하나님의 말씀을 찬송하며 영생을 주시기로 작정된 자는 다 믿더라."(행 13:48)

여덟째, 거절당할까 봐 두려워하지 말아야 합니다.

"너희를 영접하는 자는 나를 영접하는 것이요 나를 영접하는 자는 나 보내신 이를 영접하는 것이니라."(마 10:40)

아홉째, 때를 얻든지 못 얻든지 전도해야 합니다.

"하나님 앞과 산 자와 죽은 자를 심판하실 그리스도 예수 앞에서 그의 나타나실 것과 그의 나라를 두고 엄히 명하노니 너는 말씀을 전파하라. 때를 얻든지 못 얻든지 항상 힘쓰라. 범사에 오래 참음과 가르침으로 경책하며 경계하며 권하라."(딤후 4:1~2)

열째, 의의 열매가 가득할 것을 기대해야 합니다.

"예수 그리스도로 말미암아 의의 열매가 가득하여 하나님의 영광과 찬송이 되게 하시기를 구하노라."(빌 1:11)

어느 날 기도하는 중에 성령님이 내게 말씀하셨습니다.

"내 사랑하는 딸아, 네가 땅에서 전도할 때 하늘에서는 잔치가 벌어지고 있단다. 그것을 알고 네가 위로받기 원한다. 또한 네가 찬양할 때 네 목소리는 음표로 바뀌어 하늘 보좌에 올라와 나의 귀를 즐겁게 하고 있단다. 내가 네 찬양을 기뻐하고 있단다."

그렇습니다. 우리가 전도하고 찬양하는 것은 모두 하나님 앞에서 하는 것입니다. 그러므로 복음을 전하는 것과 찬양하는 것을 부끄러워하지 말아야 합니다. 주위 사람들이 뭐라 해도 상관 말고 오직 하나님만 바라보며 전도하고 찬양해야 합니다.

"내가 복음을 부끄러워하지 아니하노니 이 복음은 모든 믿는 자에게 구원을 주시는 하나님의 능력이 됨이라. 먼저는 유대인에게요 그리고 헬라인에게로다."(롬 1:16)

전도할 때 성령님의 인도를 받으라

당신은 평소에 꾸준히 전도합니까?

전도하려고 해도 잘 안 된다고요? 어떻게 하면 전도를 잘 할 수 있을까요? 전도에 대한 중대한 사실 몇 가지를 알아야 합니다. 그러면 전도가 쉬워집니다.

첫째, "전도는 쉽다"고 믿고 말해야 합니다.

많은 사람들이 전도는 어렵다고 믿고 말합니다. 그러면 그 믿음대로 전도가 어려워지게 됩니다. 전도가 왜 어려울까요? 전도는 영혼을 구원하는 영적인 일인데 자기 힘으로 하려고 하니까 그런 것입니다. 전도는 사람의 힘으로 능으로 하는 것이 아닙니다.

내가 전도한다는 생각을 버려야 합니다. 전도는 성령의 능력으로 하는 것입니다. 그래서 예수님은 제자들에게 성령이 임하면 전도하게 될 것이라고 말씀하셨습니다.

"오직 성령이 너희에게 임하시면 너희가 권능을 받고 예루살렘과 온 유대와 사마리아와 땅 끝까지 이르러 내 증인이 되리라 하시니라."(행 1:8)

둘째, 전도할 때 성령님의 인도를 받아야 합니다.

전도하려고 집 문을 나서는 순간부터 성령님의 인도하심을 받아야 합니다. 전도 대상자를 만났을 때 당황하지 말고 내면에서 들려오는 성령님의 음성을 듣고 순종하면 전도는 저절로 됩니다.

주의 사자가 빌립 집사에게 말했습니다. "일어나서 남쪽으로 향하여 예루살렘에서 가사로 내려가는 길까지 가라." 그 길은 광야였습니다. 빌립이 일어나 가서 보니 에디오피아 사람 곧 에디오피아 여왕 간다게의 모든 국고를 맡은 관리인 내시가 예배하러 예루살렘에 왔다가 돌아가는데 수레를 타고 선지자 이사야의 글을 읽고 있었습니다. 성령님이 빌립에게 말씀하셨습니다.

"이 수레로 가까이 나아가라."

빌립이 달려가서 선지자 이사야의 글 읽는 것을 듣고 물었습니다. "읽는 것을 깨닫습니까?"

"지도해 주는 사람이 없으니 어찌 깨달을 수 있느냐?"

내시는 빌립을 수레에 올라 옆자리에 앉도록 청했습니다.

이렇게 전도가 진행되었습니다. 빌립이 입을 열어 그 글에서 시작하여 예수를 가르쳐 복음을 전했습니다. 그는 예수를 구주로 영접했고 빌립이 세례를 베풀었습니다. 둘이 물에서 올라올 새 주의 영이 빌립을 이끌어 갔습니다.

　　당신도 전도할 때 성령님의 인도를 받기 바랍니다.

누구나 전도를 잘하는 일곱 가지 비결

당신은 전도할 때 어떤 지혜를 발휘하고 있습니까?

새로운 사람을 만나 전도할 때 남다른 지혜를 발휘해야 합니다. 이번 장에서는 '누구나 전도를 잘하는 일곱 가지 비결'을 나누고자 합니다. 이 글을 읽고 당신도 전도왕이 되기 바랍니다.

첫째, 천국 복음을 전하는 사람은 밝게 웃어야 합니다.

당신은 지옥에서 금방 나온 저승사자처럼 근엄하고 무서운 표정을 짓지 않습니까? 나는 천국 시민이요 천국의 대사이기 때문에 천국에서 금방 나온 사람처럼 환하게 웃으며 전도합니다. 천국의 특징은 의와 평강과 희락입니다. 그러므로 밝게 웃어야 합니다. 전도하던 스데반 집사님의 얼굴은 천사와 같이 밝았습니다.

"공회 중에 앉은 사람들이 다 스데반을 주목하여 보니 그 얼굴이 천사의 얼굴과 같더라."(행 6:15)

내 얼굴이 곧 첫 번째 전도지입니다. 상대방은 약 10초 만에 첫 인상을 판단하고 얘기를 계속 들어줄 것인지 그냥 지나칠 것인지 결정합니다. 거울 앞에서 환하게 웃는 연습하기 바랍니다.

둘째, 먼저 자신을 밝히고 상대방의 말을 들어야 합니다.
내가 섬기는 교회, 내가 사는 동네 등 상대방에게 나에 대해 먼저 밝혀서 마음을 놓이게 해줘야 합니다. 어디서 나온 누군지 모르면 불안해하고 경계합니다. 그리고 상대방에게 질문하면서 말을 걸고 그의 이야기를 잘 들어줘야 합니다. 무작정 본론을 꺼내기보다 상대방의 마음 문을 먼저 열어야 할 필요가 있습니다.
예수님도 평범한 말로 대화의 문을 여셨습니다.

"사마리아 여자 한 사람이 물을 길으러 왔으매 예수께서 물을 좀 달라 하시니."(요 4:7)

어르신을 대할 때는 "건강은 좀 어떠세요?"라며 건강에 대한 얘기를 건네고, 아기 엄마를 만나면 "아이가 잘 생겼네요"라며 말을 걸어야 합니다. 아무리 못 생겼어도 그 아이의 엄마가 볼 때는 자기 아이가 세상에서 가장 잘 생겼다고 여기기 때문에 눈을 크게 뜨고 아이의 모습에서 칭찬할 점을 찾아야 합니다. 진심에서 나오는 칭찬 한마디는 상대방의 마음을 즐겁게 만들어 줍니다.

그렇게 해서 대화의 문을 열면 전도가 쉬워집니다.

셋째, 전도의 두려움을 버려야 합니다.

하나님이 당신에게 '준비하신 영혼'을 붙이실 때는 지금 당신의 수준에 맞는 사람을 붙이십니다. 처음부터 '이 사람이 나한테 욕하면 어쩌지?', '나한테 상처 주면 어쩌지?'라고 미리 잔뜩 겁먹을 필요가 없습니다. 성령님을 의지해서 한마디씩 대화하십시오.

"밤에 주께서 환상 가운데 바울에게 말씀하시되 두려워하지 말며 잠잠하지 말고 말하라."(행 18:9)

넷째, 영혼을 뜨겁게 사랑하는 마음을 달라고 기도하십시오.

예수님을 전하지 않고는 견딜 수 없는 마음을 달라고 간절히 구하십시오. 예레미야 선지자처럼 가슴이 불타올라야 합니다.

"내가 다시는 여호와를 선포하지 아니하며 그의 이름으로 말하지 아니하리라 하면 나의 마음이 불붙는 것 같아서 골수에 사무치니 답답하여 견딜 수 없나이다."(렘 20:9)

당신 안에 영혼에 대한 사랑이 가득 차면 영혼의 모습만 눈에 보이게 됩니다. 길거리에서 사람을 만났을 때 그 사람이 무슨 상표의 옷을 입고 어떤 가방을 들고 다니나 하는 것은 크게 여기지 않게 됩니다. 오직 그의 영혼을 불쌍히 여기게 됩니다.

다섯째, 전도 대상자를 위해 이름을 부르며 기도하십시오.

나는 개인전도 수첩을 준비해 전도 대상자에 관한 신상과 기도 제목, 문자발송사항 등을 기록합니다. 한 초등학교가 개학할 때 '친구초청파티'를 기획하여 학교 앞에서 전도한 적이 있습니다. 새 친구 33명의 명단을 갖고 기도했는데 2명이 등록했습니다. 기도한다고 해서 매일 울며 빌 필요는 없습니다. 한번 기도하고 구한 것은 받았다고 믿고 전도하면 쉽게 전도의 열매가 맺힙니다.

"그러므로 내가 너희에게 말하노니 무엇이든지 기도하고 구하는 것은 받은 줄로 믿으라. 그리하면 너희에게 그대로 되리라."(막 11:24)

여섯째, 전도 대상자가 교회에 오면 귀빈처럼 대하십시오.

처음 교회에 왔을 때 마음에 큰 부담을 주지 말아야 합니다. 교회 안에서도 왕따가 있습니다. 새신자를 왕따시키지 마십시오.

일곱째, 준비된 영혼을 붙여 달라고 기도해야 합니다.

나는 가끔 전도 현장에서 처음 본 사람과 한 시간씩 대화를 나눌 때가 있습니다. 그 영혼을 구원하기 위해서는 귀찮아하지 않고 친절하게 대화를 나눕니다. 대화 속에서 하나님의 살아 계심을 이야기합니다. 하나님께서는 내 혀에 권세를 부여하셨습니다.

당신도 전도 대상자를 만나 대화하는 시간과 비용을 아깝게 생각하지 말고 즐겁게 투자하십시오. 영혼을 위한 투자보다 더 귀한 것이 어디 있겠습니까? 하나님은 당신을 구원하기 위해 독생자 예수 그리스도를 이 땅에 보내셨고 벌거벗긴 채로 나무에 매달아 피와 땀과 눈물을 쏟으며 죽게 하셨습니다.

"하나님이 세상을 이처럼 사랑하사 독생자를 주셨으니 이는 그를 믿는 자마다 멸망하지 않고 영생을 얻게 하려 하심이라."(요 3:16)

이보다 더 큰 사랑이 어디 있겠습니까?

"사람이 친구를 위하여 자기 목숨을 버리면 이보다 더 큰 사랑이 없나니……."(요 15:13)

이제 당신 차례입니다. 전도하기 위해 시간과 비용을 투자하십시오. 전도지로 전도하고 일대일로 전도하십시오. 저술로 전도하고 강연으로 전도하십시오. 대형전도집회도 열고 텔레비전과 라디오로도 전도하십시오. 모든 때에 모든 방법으로 모든 사람에게 전도하십시오. 전도가 최고입니다.

나는 천재적인 지혜를 발휘해 전도지를 만들었다

당신은 전도지를 만들어 본 적이 있습니까?

나는 하나님이 주신 지혜로 직접 '복음만화 전도지'를 만들었습니다. 처음엔 전도 세미나에서 '소금 전도지'를 자비로 구입하여 전도에 사용하기 시작했습니다. 그 다음엔 '방향제 전도지'를 썼는데 신청 횟수가 거듭되면서 비용 문제에 부딪히게 되었습니다. 남편이 준 생활비에서 떼어 전도 용품을 구매했기 때문에 부담이 커져 갔습니다. 전도용품 책자를 뒤적이다 맘에 드는 게 있어 계산기를 두드려 보면 비용이 엄청나게 커지곤 했습니다.

"하나님, 어떻게 하지요? 전도는 한 번만 크게 하고 그만둘 것도 아니고 계속해야 하는데요."

그때 주님께서 내 마음에 용기를 주셨습니다.

'그래, 내가 직접 만들어 보자.'

사영리의 내용을 짧게 간추려 글을 만들고 그림은 아동부 교사에게 도안을 제시한 후 그려 달라고 부탁했습니다. 가장 중요한 것은 내용을 비신자의 눈높이에 맞추는 것이었습니다.

창세기에 나오는 "하나님께서 온 세상을 창조하시고 생육하고 번성하고 땅에 충만하라"는 성경 구절은 이렇게 바꿔 적었습니다.

"아주 먼 옛날, 하나님께서 온 세상과 사람을 만들고 영원히 행복하게 살도록 축복하셨어요."

"그러나 사람은 죄를 지었고 그 벌로 죽게 되었어요. 또한 지옥으로 갈 수 밖에 없었어요."

"사람들은 열심히 노력하여 하늘나라에 가고 싶어 해요. 하지만 착한 일을 많이 했다고 돈과 힘, 지식이 많다고 하늘나라에 갈 수 없어요."

"하늘나라는 영원히 행복한 곳이고, 지옥은 뜨거운 불구덩이에요. 하늘나라와 지옥 중 어디로 가고 싶으세요?"

"하나님께서는 아들 예수님을 이 땅에 보내셨어요. 예수님은 사람들의 죄를 대신하여 십자가에 달려 죽으셨다가 다시 살아나셨어요. 그 피 값으로 사람들의 죄가 깨끗하게 용서 받게 되었어요. 그래서 누구나 예수님을 믿으면 하늘나라에 갈 수 있게 되었어요."

성경 구절도 달랑 한 구절을 집어넣었습니다.

"하나님께서 세상을 이처럼 사랑하사 독생자를 주셨으니 이는 그를 믿는 사람마다 멸망하지 않고 영생을 얻게 하려는 것이다."(요 3:16)

내가 만약 기독교에 부정적인 시각을 가진 비신자라면 너무 많은 성경 구절이 적혀 있는 전도지를 볼 때 지레 질릴 수 있겠다는 생각이 들었기 때문입니다. 그 다음 전도 대상자와 꼭 함께 소리를 내어 읽는 영접 기도문을 넣었습니다.

"하나님, 저는 죄인입니다. 예수님께서 나의 죄를 대신하여 십자가에서 죽으시고 다시 사신 것과 다시 오실 것을 믿습니다. 예수님, 내 맘 속에 들어오세요. 나의 구세주로 섬기겠습니다. 예수님의 이름으로 기도합니다. 아멘."

이 영접 기도문을 만들 때 꽤나 고민하며 넣은 것은 '다시 오실 것'이란 문구였습니다. 다른 전도지에서 볼 수는 없었지만 정말로 우리가 믿고 기다리는 것은 재림 예수이기 때문입니다. 시대가 빠르게 흐르기 때문에 복음의 내용도 최대한 짧게 간추렸습니다.

결과는 대만족이었습니다. 나는 사람들에게 말했습니다.

"1분이야. 1분이면 충분해요. 만화거든요. 제가 직접 만든 건데 빨리 읽어 줄게요."

이렇게 만화 전도지를 읽어 내려가면 어린이부터 어르신까지, 대학생과 중년의 남성들도 만화 그림을 보면서 얼떨결에 압도되

어 예수님을 영접하게 되었습니다. 또한 전도 중에 많이 만나게
되는 외국인 근로자들을 위해 영어 번역도 부탁하여 집어넣었습니
다. 처음엔 손바닥 정도의 크기였는데 어르신들이 글씨가 너무
작아 보이지 않는다고 해서 두 배로 크게 인쇄하게 되었습니다.

1분이면 충분한 복음만화 전도지! 정말 획기적이었습니다.

전도지가 만들어진 첫 해 3만 명 이상에게 복음의 씨앗을 심었
던 전도의 탁월한 무기였습니다. 하나님께 모든 영광을 돌립니다.

당신도 성경에 근거한 복음을 전하십시오.

복음 전도에 가장 중대한 내용은 사도 바울이 말한 것처럼 '성
경대로 그리스도께서 우리 죄를 위하여 죽으시고 장사 지낸 바 되
셨다가 성경대로 사흘 만에 다시 살아나셨다'는 것입니다.

예수님은 하나님의 아들이십니다.

"내가 받은 것을 먼저 너희에게 전하였노니 이는 성경대로 그리스
도께서 우리 죄를 위하여 죽으시고 장사 지낸 바 되셨다가 성경대로
사흘 만에 다시 살아나사 게바에게 보이시고 후에 열두 제자에게와
그 후에 오백여 형제에게 일시에 보이셨나니 그 중에 지금까지 대다
수는 살아 있고 어떤 사람은 잠들었으며 그 후에 야고보에게 보이셨
으며 그 후에 모든 사도에게와 맨 나중에 만삭되지 못하여 난 자 같
은 내게도 보이셨느니라."(고전 15:3~8)

하나님은 복음 전도자에게 열방의 부를 주신다

만약 하나님께 큰돈을 받으면 어디에 쓰겠습니까?

나는 세상에서 가장 귀한 '복음을 전하기 위해' 쓰겠습니다.

하루는 전도 세미나에 참석했는데 강사님이 이렇게 말씀하셨습니다. "여러분, 하나님께서 전도자에게 바다의 부와 열방의 재물을 주실 것입니다. 더 많은 영혼을 구원하기 위해 전도합시다."

이 말씀이 나를 전도에 미치게 했습니다.

처음에는 주 1회 노방 전도를, 좀 지나서는 주 2회로, 그다음에는 매일 전도에 도전했습니다. 아침에 눈을 뜨면 '오늘은 어떻게 전도할까?' 그 생각이 제일 먼저 떠올랐고 자기 전에도 '내일은 어떻게 전도할까?' 하고 머릿속이 온통 전도로 가득 찼습니다.

이른 새벽, 식탁에 앉아 A4용지를 꺼내 놓고 성령님께서 알려 주시는 대로 전도 전략을 적었습니다. 한 번도 그 계획이 잘 될지 안 될지 고민해 보지 않았습니다. 바로바로 실행해 나갔습니다.

노방전도를 본격적으로 시작한 지 3개월 후 정말 놀라운 일이 생겼습니다. 몇 년 전 친정 엄마가 돌아가시고 집 한 채를 유산으로 남겼는데 남편은 내게 "형제가 많으니 유산 분배 문제에 휘말리지 않도록 조금만 받자"고 권했습니다. 그런데 곧 받기로 했던 3천만 원이 몇 년이 지나도 해결되지 않고 있었습니다.

그러던 어느 날, 셋째 오빠에게 전화가 왔습니다.

"계좌번호 좀 불러 줘. 입금할게."

그리고 바로 유산이 송금되었습니다. 내가 먼저 달라고 요구한 적도 없었는데 보내온 것이었습니다. "오! 할렐루야."

내 생전 처음 받아 본 3천만 원은 컸습니다. 남편은 내게 그 돈으로 아파트 대출금을 갚자고 일방적으로 말했습니다. 처음엔 그게 당연한 거 같았습니다. 하지만 내 마음은 내키지 않았습니다.

'친정 엄마가 남겨 준 거니 내 거야. 좀 더 의미 있게 써야지.'

나는 신랑에게 말했습니다.

"목돈이 생겼으니 작정했던 건축헌금부터 드려야 하는 거 아니야? 빚이야 어차피 조금씩 계속 갚아 나가면 되는 거잖아."

그래서 십일조와 건축헌금 900만 원을 먼저 드렸고 나머지는 내 마음껏 쓰라고 남편도 허락했습니다. 그 이후 나는 1년 동안 그 돈을 계산하지 않고 전도하는데 마음껏 다 썼습니다.

먼저 미자립 교회에 전도지와 전도용품을 지원해 드렸습니다.

교회 특별 행사를 위한 게스트 사례비를 대신 챙겨 드렸고 안면이 있던 전도하시는 목사님들께 용돈을 드렸습니다. 또 1년 동안 전도 지원을 나갔던 교회 목사님께 양복, 노트북, 휴대용 녹음기 등 마음 가는대로 필요한 것을 선물했습니다.

한번은 하나님의 종인 목사님 가족을 위해 백화점에 가서 사모님에게 명품 가방을 하나 사서 선물했습니다. 나도 갖고 싶어서 만지작거렸지만 결국 사지 못했습니다. 때가 되면 하나님이 내게 백배로 주신다고 믿습니다. 이미 받았다고 믿습니다.

어느 날, 목사님께 전화가 왔습니다. 교회에 귀한 손님이 와서 고기를 대접하고 있다고 하셨습니다. 나는 곧장 택시를 타고 인천에서 부천으로 향했습니다. 고기 값을 내드리기 위해서였습니다. 목사님의 가벼운 주머니 사정을 알고 있기 때문입니다.

아브라함은 기름지고 좋은 송아지를 잡아 부지중에 천사를 대접했고 그로 인해 하나님께 큰 축복을 받았습니다.

"아브라함이 급히 장막으로 가서 사라에게 이르되 속히 고운 가루 세 스아를 가져다가 반죽하여 떡을 만들라 하고 아브라함이 또 가축 떼 있는 곳으로 달려가서 기름지고 좋은 송아지를 잡아 하인에게 주니 그가 급히 요리한지라. 아브라함이 엉긴 젖과 우유와 하인이 요리한 송아지를 가져다가 그들 앞에 차려 놓고 나무 아래에 모셔 서매 그들이 먹으니라…: 여호와께서 이르시되 아브라함은 강대한 나라가 되고 천하 만민은 그로 말미암아 복을 받게 될 것이 아니냐?"(창 18:6~8, 18)

하나님은 사람을 통해 당신을 방문하십니다. 그때 손님 대접하기를 잊으면 안 됩니다. 손님은 잠깐 왔다 가기 때문입니다.

"손님 대접하기를 잊지 말라. 이로써 부지중에 천사들을 대접한 이들이 있었느니라."(히 13:2)

물론 나를 위해서도 돈을 썼습니다. 전도하기 위해 예쁜 원피스를 몇 벌 싸게 샀고 오래 걸어도 피곤하지 않는 굽이 낮은 전도용 구두를 몇 켤레 구매했습니다. 나도 그때 남들처럼 돈이 무서운 줄 알았다면 손에 꽉 쥐고서 움켜잡고 있었을지 모릅니다.

그러나 확실한 건 받는 자보다 주는 자가 복되고 남에게 줄 수 있는 마음도 하나님께서 허락하셔야 가능하다는 것입니다.

"범사에 여러분에게 모본을 보여준 바와 같이 수고하여 약한 사람들을 돕고 또 주 예수께서 친히 말씀하신 바 '주는 것이 받는 것보다 복이 있다' 하심을 기억하여야 할지니라."(행 20:35)

사도바울은 범사에 성도들에게 '자족하는 모본'을 보여주었습니다. 그것이 무엇일까요? 재정 문제에 있어 자족은 '자급자족(自給自足)'을 의미합니다. 바울은 천막 깁는 일을 하면서 스스로 수고하여 돈을 벌고 그 돈으로 자신의 생활비를 충당할 뿐 아니라 약한 사람들을 도왔습니다. 그는 매번 도움을 받기 위해 주위 사람들에게 손을 벌리지 않았습니다. 당신도 다섯 달란트 받은 종처럼 장사해서 돈을 벌고 주인에게 칭찬받아야 합니다.

성경에 나오는 믿음의 조상 아브라함, 이삭, 야곱, 요셉, 다윗, 솔로몬, 욥 등은 모두 하나님의 종이었지만 각자 자신에게 맞는 직업을 통해 돈을 벌었고 많이 헌금하고 구제하고 누렸습니다.

전도와 선교도 돈이 있어야 원활합니다. 돈이 많을수록 더 많은 사람에게 전도할 수 있습니다. 마음만으론 충분하지 않습니다.

"하나님이 능히 모든 은혜를 너희에게 넘치게 하시나니 이는 너희로 모든 일에 항상 모든 것이 넉넉하여 모든 착한 일을 넘치게 하게 하려 하심이라. 기록된 바 그가 흩어 가난한 자들에게 주었으니 그의 의가 영원토록 있느니라 함과 같으니라. 심는 자에게 씨와 먹을 양식을 주시는 이가 너희 심을 것을 주사 풍성하게 하시고 너희 의의 열매를 더하게 하시리니 너희가 모든 일에 넉넉하여 너그럽게 연보를 함은 그들이 우리로 말미암아 하나님께 감사하게 하는 것이라."(고후 9:8~11)

당신도 많이 벌어 많이 헌금하고 많이 저축하고 많이 구제하고 많이 누리기 바랍니다. 하나님의 종들을 많이 섬기고 교회도 많이 세우기 바랍니다. 선교사들을 지원하기 바랍니다. 또한 하나님의 자녀로서 최대한 많이 누리기 바랍니다. 한번뿐인 소중한 인생, 그리스도 안에서 최고의 삶을 살기 바랍니다.

이것이 그리스도 안에서 부요한 삶 곧 장미빛 인생입니다.

"부귀가 내게 있고 장구한 재물과 공의도 그러하니라."(잠 8:18)

노방 전도를 시작한 지 4개월 후, 나도 예수님의 제자들처럼 능력 전도를 하고 싶다는 소원이 생겼습니다. 그래서 성령의 나타남을 사모하는 마음으로 외국에서 오신 목사님의 성회를 3주간 계속 참석했습니다. 그때 아들 형빈이가 간식을 사러 마트에 가면 자기가 먹으려던 것과 똑같은 것을 하나 더 사서 강사 목사님께 계속 갖다 드리는 것이었습니다. 설교 중에 그 목사님이 자기 주머니에서 황금빛 포장지의 과자를 꺼내 들고선 말했습니다.

"여러분, 이게 뭔지 아십니까? 저 아이가 매일 나에게 선물을 갖다 주는 것입니다. 오늘도 내게 이 과자를 내밀어서 괜찮다고 받지 않으려고 했습니다. 그때 성령님께서 급하고 강하게 이렇게 말씀하셨습니다."

"저 아이를 저지하지 마라. 내가 저 아이를 축복하기 위해 네게 선물을 주고 싶은 마음을 불어 넣었다. 내가 저 아이에게 세계의 부(副)를 이동시킬 것이다."

나는 태어나서 처음 들어보는 말이라 아멘도 못하고 눈만 껌뻑거렸습니다. '감히 내가 어떻게 저런 말씀을 받을 자격이 되지?'

바로 그때 '전도'라는 두 글자가 마음에 떠올랐습니다. 그것이 단 하나의 이유였습니다. 하나님은 온 천하에 복음을 전파하기 위해 우리에게 물질의 복을 주십니다. 하나님께서는 '나는 모두에게 예수님을 전하라고 똑같이 명령하였지만 그 명령에 순종하는 반응이 사람마다 제각각 다르다'라고 알려주셨습니다.

강사 목사님은 형빈이가 앞으로 세계적인 주의 종, 큰 가수, 큰 사업가가 될 것이라고 예언해 주셨습니다. 주로 말씀과 치유 사역만 하시는 목사님께서 이례적으로 회중 앞에서 개인 예언을 선포하신 것입니다. 몇 년 후, 하나님의 계산법은 사람과 다르다는 것을 알게 되었습니다. 나는 하나님께 3천만 원을 드렸을 뿐인데 하나님께서는 "내가 집을 받았다"고 하셨습니다.

내가 전도 집회를 가서 유산을 전도에 사용한 것에 대한 간증을 한 적이 있습니다. 그때 나는 이제 만인에게 알려졌으니 천국에서 받을 상급이 없지 않았을까 염려했는데 하나님께서는 "괜찮다. 내가 이미 다 받았다"고 말씀하셨습니다.

나의 간증을 통해 수많은 사람들이 감동을 받고 변화된다면 그보다 더 큰 상이 어디 있겠습니까? 그래서 나는 지금도 기쁜 마음으로 전국에 간증하러 다닙니다. 하나님께서 말씀하셨습니다.

"너의 전도 간증을 통해 듣는 이들에게 전도의 기름 부음이 전이될 것이다. 그곳에 있는 사람들이 변화 받아 전도왕들이 될 것이다. 사명을 받았으나 엎어진 사람들이 다시 힘을 얻고 일어서게 될 것이다. 대한민국에 다시 부흥이 올 것이다."

오늘 당장 당신도 나와 함께 전도하시겠습니까? 예수님께서도 전도하셨고 제자들도 전도했습니다. 이제 우리가 나서야 할 차례입니다. 당신은 용사입니다. 하나님께서 부르신 용사입니다. 하나님께서 세우신 용사입니다. 그냥 용사가 아닌 강한 용사입니다.

앞으로 장군이 될 것입니다. 영혼 구원의 장군 말입니다.

당신이 한 영혼을 위해 한걸음 내딛기 시작할 때 하나님께서는 수억의 천군 천사를 당신에게 파송하십니다. 오른편에 계신 성령님께서 위치를 바꿔 앞장서서 걸어 나가십니다. 당신은 그냥 따라가기만 하면 됩니다. 그것만으로 충분합니다. 그 외에 더 필요한 것은 없습니다. 전도가 세상에서 제일 쉽습니다.

이제 예수님의 제자들의 이야기였던 사도행전 29장은 나와 당신의 이야기로 기록되어 나갈 것입니다. 예수님께서 이 땅에 다시 오실 때까지 이 전진을 멈추지 마십시오. 하나님의 전신 갑주를 취하십시오. 하나님께서 지금 당신에게 명령하십니다.

"전진하라! 전진하라! 전진하라!"

명령은 해도 되고 안 해도 되는 것이 아닙니다. 믿음은 순종입니다. 당신의 믿음은 순도 몇 퍼센트입니까? 나는 평소 100퍼센트만이 믿음이라고 생각합니다. 99퍼센트 순종에 만족하지 마십시오. 1퍼센트의 불순종이 섞여 있다면 불신앙입니다.

나와 함께 하늘의 별과 같이 밝게 빛나기를 축복합니다.

모든 영광을 하나님께 돌립니다.

장미빛 인생이 되는 비결

초판 1쇄 인쇄 | 2016년 10월 20일
초판 1쇄 발행 | 2016년 10월 30일

지은이 | 김열방 김사라 박양희 추현선

발행인 | 김사라
발행처 | 날개미디어
등록일 | 2005년 6월 9일, 제2005-44호
주소 | 서울특별시 송파구 백제고분로9길 6, A동 3층
전화 | 02)416-7869, 010-2961-8865
메일 | wgec21@daum.net

ISBN : 978-89-91752-64-1 03230

책값 20,000원